auf einmal ist alles anders

Heidi
Hassenmüller

Klopp

Besonderen Dank an die lizenzierte Zuchtstätte der EZFG e.V. Elo-Zuchtstätte »von der Eulenstadt«, www.ezfg.de

MIX
Papier aus verantwortungsvollen Quellen
FSC® C083411

Einband und Reihengestaltung von Kerstin Schürmann, formlabor, unter Verwendung von Fotos von photocase.com/illleeeegal/suze
Druck und Bindung: CPI – Clausen & Bosse, Leck
Printed 2012
ISBN 978-3-7817-0777-1

www.klopp-buecher.de

1. Kapitel

Johannah lag im Bett und sah zu den leuchtenden Sternen an ihrer Zimmerdecke hoch. *Jeder Stern ist eine Hoffnung,* diesen Satz hatte sie irgendwann einmal in einem Buch gelesen.

Wie viel Hoffnung hatte sie noch? So viel wie Sterne an ihrer Decke?

Sie hatte heute keinen guten Tag gehabt. Die Schmerzen waren so stark gewesen, dass ihr Vater sie kurz wie ein hilfloses Kind in eine Wolldecke gepackt hatte und mit ihr und ihrer Mutter in das städtische Krankenhaus gefahren war. Zum Glück hatte Dr. Stratmann Dienst. Er kannte Johannah, die von allen Hannah genannt wurde, und ihre Eltern schon seit Beginn ihrer Krankheit. Es war nicht das erste Mal, dass ihre Eltern bei ihm Hilfe suchten.

»Sie müssen doch etwas tun können, Herr Doktor Stratmann. Sie sehen doch, wie Hannah leidet!«

Zusammengekauert wie ein Baby lag sie in den Armen ihres Vaters und versuchte, nicht zu weinen. Aber ein leises Wimmern konnte sie nicht unterdrücken. Ihr ganzer Körper schmerzte. Es war, als spielten alle ihre Muskeln verrückt.

Dazu kamen diese seltsamen Zuckungen in den Armen

und Beinen. Deswegen hielt ihr Vater sie auch so fest in seinem Arm. Das tat gut. Es war, als würden sich die Muskeln unter seinem festen Griff ein wenig beruhigen. Ihre Mutter strich über ihre schweißnassen dunklen Haare. Ganz vorsichtig nur, denn auch der Kopf tat weh.

Doktor Stratmann schüttelte den Kopf. »Ich bin mit meinem Latein am Ende. Wir müssen etwas anderes unternehmen. Warten Sie bitte einen Augenblick!«

Doktor Stratmann ging zu der Schwester, die die Formulare für die Patienten ausfüllte. Er gab ihr flüsternd einige Anweisungen. Sie sah zu ihnen hinüber und nickte.

Kurz darauf hörte Hannah, dass die Schwester Doktor Speyer ausrief. »Doktor Speyer bitte in die Notaufnahme! Doktor Speyer bitte in die Notaufnahme!«

»Kommen Sie«, sagte Doktor Stratmann. »Gehen wir in mein Behandlungszimmer.«

Irgendetwas ist anders als sonst, dachte Hannah. Es war, als würden die Schmerzen ihre anderen Sinne schärfen. Sie hörte Worte, die nicht gesagt worden waren, sie roch Gerüche, die kaum wahrnehmbar in der Luft lagen, sie spürte das Salz ihrer unterdrückten Tränen in ihrem Mund.

Auch ihre Eltern schienen etwas zu merken. Sie sahen sich verwundert an, und ihr Vater trug sie in das Behandlungszimmer von Dr. Stratmann.

Ihren Rollstuhl hatten sie zu Hause gelassen. Wenn es ihr so schlecht ging, konnte sie nicht einmal mehr darin sitzen. Sie war dann bloß ein zuckendes Etwas, und nur die Arme ihres Vaters konnten ihr noch etwas Halt geben.

Auf die Straße traute sie sich sowieso nicht mit dem Rollstuhl. Das fehlte ihr noch, dass jemand sie in dem Ding sah. Und das wegen einer Erkrankung, die anscheinend niemand kannte.

Jetzt wird er mir gleich eine Spritze geben, dachte Hannah. Morphium wahrscheinlich. Wenn sie einen so schlimmen Anfall hatte, half nur noch Morphium. Und gegen die zuckenden Muskeln Botox. Ibuprofen und Amitriptylin gegen die Schmerzen und Diazepam zum Entkrampfen hatte sie schon geschluckt. Aber diese Schmerzmittel halfen nicht mehr. Die anderen Male hatte sie dann immer Morphium bekommen. Und eine stärkere Dosis Botox als krampflösendes Mittel, weil auch das Diazepam nicht mehr half.

»Heute möchte ich dich bitten, noch fünf Minuten ganz tapfer zu sein, Hannah!«, sagte Doktor Stratmann. »Damit meine ich nicht, dass du nicht weinen darfst, weil du so schlimme Schmerzen hast, ich muss dich jetzt aber noch fünf Minuten warten lassen, bis ich dir helfen kann!«

»Wie meinen Sie denn das?«, fragte Adelina Heimann. »Sie sehen doch, wie unser Kind leidet.«

»Ja«, sagte Doktor Stratmann, »ich sehe es. Aber es wird Zeit, dass es auch ein anderer sieht. Ich sagte Ihnen ja schon beim letzten Mal, dass ich es gerne hätte, wenn Professor Krumm in der Berliner Charité sich Ihre Tochter ansieht. Er ist *der* Fachmann für Muskelerkrankungen und Bewegungsstörungen in Deutschland. Nur er könnte ihr vielleicht helfen. Aber die Warteliste ist so lang! Zu lang für Hannah. Ich möchte ihm ein kurzes Video Ihrer Tochter schicken, damit er sieht, wie es ihr geht.«

Hannahs Eltern sahen sich an. Sie sollten ihr Kind in diesem Zustand filmen lassen?

»Nun macht schon«, wimmerte Hannah. »Leg mich auf die Liege! Sonst kann Doktor Stratmann doch nicht seinen Film machen!«

Ihr war die Sache mit dem Video egal. Wenn sie solche Schmerzen wie jetzt hatte, wollte sie eigentlich nur noch schlafen, ganz tief schlafen und an die Zeit denken, als sie mit ihren Freundinnen kichernd zur Schule gegangen, in der Pause in irgendeiner Ecke auf dem Schulhof gestanden hatte und ihr größtes Problem gewesen war, wer von den Jungen gerade der angesagteste war. Denn nur den wollte sie zum Freund haben – einen, der möglichst cool, gut aussehend und natürlich älter als sie selbst war. Damit ihre Freundinnen Kyra und Emilie sie auch ganz bestimmt um diesen Jungen beneideten.

So war ihr Leben bis vor nicht einmal einem Jahr gewesen.

Aber in diesem einen Jahr war sie um Jahre gealtert. Als wenn ich in einer Zeitmaschine sitze, schoss es Hannah zwischen den Schmerzwellen durch den Kopf. Jeder Tag mit diesen Schmerzen macht mich um Jahre älter.

Vor ziemlich genau einem Jahr hatte sie im rechten Arm und Bein plötzlich Schmerzen bekommen. Zu Anfang hatten die Ärzte an Rheuma gedacht, aber dann waren die Schmerzen auch im Kopf aufgetreten und wurden mit jedem Anfall schlimmer. Sie bekam manchmal keine Luft mehr und dachte, sie müsste ersticken. Dazwischen gab es auch wieder Wochen, in denen es ihr einigermaßen gut ging. Dann konnte sie sogar normal zur Schule gehen, aber im letzten Vierteljahr waren die Anfälle immer häufiger aufgetreten, und ihr Vater hatte den Rollstuhl gekauft, damit sie sich zumindest in der Wohnung fortbewegen konnte.

Sie hasste das Ding. Der Stuhl war der Beweis, dass irgendetwas mit ihr nicht in Ordnung war. Aber was?

Zur Schule konnte sie seit ein paar Monaten auch nicht mehr. Der Schulleiter des Käthe-Kollwitz-Gymnasiums hatte ihre Eltern um eine Unterredung gebeten.

»Ich glaube nicht, dass Johannah auf unserer Schule bleiben kann. Wir haben keinerlei Hilfen für behinderte Kinder – keine Rampen, keine Fahrstühle. Das müssen Sie doch verstehen.« Herr Ahrend fuhr sich mit der Hand durch das schüttere Haar. »Sie tun Ihrer Tochter keinen Gefallen, wenn Sie sie nach diesen langen krankheitsbedingten Pausen wieder herschicken.«

Mutter war aufgebraust. »Noch ist nicht einmal klar, was sie hat. Sie grenzen sie aus, ohne zu wissen, wie es weitergeht.«

»Ich bin Mathematiker«, hatte Herr Ahrend gesagt. »Die vielen Fehlzeiten und ihre immer häufiger auftretenden Anfälle machen es ihr unmöglich, dem Unterricht adäquat zu folgen.«

Adelina Heimann ärgerte sich über die hochgestochene

Art zu reden. Ihr Mann legte zwar beruhigend die Hand auf ihren Arm, aber sie war schon ruckartig aufgestanden.

»Adäquat? Ich glaube, dass diese Schule meine Tochter nicht adäquat fördern kann.« Sie sah dem Schulleiter direkt in die Augen. »Ich glaube, eines Tages bereuen Sie diese Entscheidung.«

Sie wandte sich an ihren Mann. »Wir gehen!«

Kurz nach diesem Gespräch hatten Hannahs Eltern sie bei einer Schule für körperlich behinderte Kinder angemeldet.

Sie setzten sich abends nach dem Essen mit Hannah zusammen und erzählten ihr, dass sie erst einmal auf eine Schule für körperlich Behinderte gehen sollte. Da hatte man mehr Verständnis, wenn Hannah wegen ihrer Anfälle und der damit verbundenen Schmerzen nicht am Unterricht teilnehmen konnte.

Gehen? Das war ja wohl ein Witz! Auf welche Schule konnte sie schon noch *gehen*? Sie *konnte* ja kaum noch gehen.

»Also schreibt ihr mich ab?«, hatte Hannah weinend protestiert. »Denkt ihr, ich werde nicht mehr gesund?«

»Dein Schulleiter sieht große Probleme auf dich zukommen. Der Druck an der Schule ist einfach zu hoch.«

Hannah ahnte, dass der Rektor ihren Eltern den Druck machte, aber das war ihr egal. Ihr war in diesem Moment alles egal, sie war nur noch ein Bündel Schmerzen.

»Legen Sie Hannah hier auf die Liege«, hörte sie jetzt Doktor Stratmann sagen.

Er macht einen Film von mir, und ich sehe aus wie eine Verrückte, dachte Hannah. Die Haare kleben mir im Gesicht, und ich habe den hässlichen karierten Pyjama an. Sie ahnte, dass sich ihr Gesicht bei einem Anfall verzerrte. Ihre Arme und Beine zuckten unkontrollierbar.

Dabei sehe ich doch eigentlich ganz gut aus, dachte sie zwischen zwei weiteren Schmerzwellen, und sie versuchte, in die Kamera zu lächeln. Es wurde nur eine schiefe Grimasse, aber Doktor Stratmann filmte weiter. Professor Krumm sollte sich ein möglichst gutes Bild machen können. Der Brief von Dr. Stratmann, Hannah mit Vorrang zu behandeln, hatte nichts genutzt. Wahrscheinlich bekam Professor Krumm täglich solche Bittbriefe.

Von meiner Mutter habe ich das schwarze Haar geerbt, dachte Hannah, während sie nach Luft rang. Nicht daran denken, dass sie eventuell ersticken könnte. Luft, ich muss Luft bekommen. Ihr Zwerchfell schmerzte. Luft, bitte, lieber Gott, gib mir Luft!

»Doktor, so helfen Sie ihr doch«, hörte sie ihre Mutter sagen.

»Nur noch ein, zwei Minuten«, sagte der Arzt, und seine Stimme klang ungewöhnlich rau.

Von ihrem Vater hatte sie den hellen Teint eines Norddeutschen. Hannah versuchte, sich auf irgendetwas zu konzentrieren. Auf ihr Aussehen war sie immer so stolz gewesen. Jetzt hätte sie lieber ein Gesicht voller Narben oder Ausschlag gehabt als diese Schmerzen.

Ich will nicht ersticken! Ablenken, an etwas Schönes denken. Ihr Aussehen! Keine schlechte Kombination, hatte sie oft gedacht. Eine hübsche Iranerin als Mutter und ein gut aussehender Ostfriese als Vater.

Ihr Vater hatte in dem Asylantenheim, in dem ihre Mutter die ersten Monate nach der Flucht aus ihrem Heimatland verbringen musste, als Sozialarbeiter gearbeitet. Und schon als sie sich das erste Mal getroffen hatten, hatte er sich in sie verliebt.

Hannah hatte immer fasziniert zugehört, wenn ihre Eltern ihr diese Liebesgeschichte erzählt hatten. Es war ja auch ein Wunder, dass Adelina Christin war und ihre Familie deswegen nichts gegen die Heirat einzuwenden gehabt hatte.

Adelina und ihre Familie waren politische Flüchtlinge. Adelinas Vater war in seinem Heimatland zwar auch in die Moschee gegangen, aber er hatte sich, soweit es ging, aus allen politischen Diskussionen herausgehalten. Er war Buchhändler und musste mit ansehen, wie immer mehr Bücher von Philosophen und großen Denkern auf die Liste der verbotenen Bücher kamen und aus den Regalen der Buchhandlung verschwanden. Bald waren es alle Bücher aus dem Westen. Und er musste seine Frau und seine Tochter anhalten, außerhalb des Hauses ihr Haar zu bedecken und über ihrer westlichen Kleidung die lange, alles verhüllende Burka zu tragen.

»Das ist doch nur die äußere Hülle«, hatte er tröstend gesagt. »Unsere Gedanken sind frei.«

Aber dann wurde die einzige noch existierende christliche Kirche geplündert und niedergebrannt. Die Großeltern von Hannah waren zum christlichen Glauben übergetreten, nachdem ihre Großmutter die Jungfrau Maria angefleht hatte, ihr endlich ein Kind zu schenken. Zehn Jahre war sie damals schon verheiratet gewesen, und kein Nachwuchs hatte sich eingestellt. Sie wurde kurz darauf tatsächlich schwanger, sie hatten endlich ein Kind!

Heimlich traten sie und ihr Mann zum christlichen Glauben über, niemand wusste davon. Der immer radikaler werdende islamitische Glaube spielte dabei eine große Rolle. Im christlichen Glauben war von Liebe und Verzeihen die Rede, der Imam im Iran dagegen predigte Hass und Verderben.

Dann waren irgendwann die Kirchenbücher in die Hände der Geheimpolizei geraten, und es war nur eine Frage der Zeit, bis man Adelinas Vater und seine Familie verhaften würde.

Adelinas Vater glaubte an Gott; ob seine Propheten nun Mohammed oder Jesus hießen, war ihm egal. Aber das konnte er dem Imam nicht sagen, schon gar nicht im immer fundamentalistischer werdenden Iran. Er hatte bei seiner Flucht nach Deutschland die Taufscheine bei sich und konnte damit glaubwürdig beweisen, dass er und seine Familie in Lebensgefahr waren.

Der junge Uwe Heimann war einer der ersten Deutschen, die er im Asyllager kennengelernt hatte. Und er war auch der erste Deutsche gewesen, der ihn und seine Familie nicht wie eine Nummer behandelte. Er regelte den Papierkram für die Familie Hamadaoi und schrieb sie alle drei für die Sprachkurse für Ausländer ein.

Adelinas Eltern sahen, wie der Deutsche sich um ihre Tochter bemühte, und sie hatten nichts gegen seine etwas altmodische Brautwerbung einzuwenden. Hannahs Mutter hatte im Iran morgens die Koranschule besucht und nachmittags mit einer Privatlehrerin für das Abitur gelernt. Sie war in der Koranschule nie negativ aufgefallen, hatte aber auch keine Freundinnen mit nach Hause gebracht. Es war einfach zu gefährlich gewesen. Im Iran gab es so viele Spitzel und Verräter, niemand konnte wissen, ob der freundliche Nachbar nicht zu den Fundamentalisten gehörte.

»Gut so, Hannah, du bist sehr, sehr tapfer gewesen«, hörte Hannah Doktor Stratmann sagen. Sie war ganz weit weg gewesen. Wenn die Schmerzen unerträglich wurden, konnte sie sich manchmal aus ihrem Körper befreien und davonfliegen. Frei wie ein Vogel! So wie die rosa Flamingos in der Heimat ihrer Mutter, die elegant und graziös zu ihren Futterplätzen flogen. Nur widerwillig kehrte sie in ihre eigene Hülle zurück. Die Schmerzen kamen mit voller Wucht zurück.

Sie sah, dass der Arzt seine Digitalkamera zur Seite legte und die Spritze mit dem Morphium aufzog. Der kleine Piks war wie eine Erlösung. Das Morphium wirkte fast augenblicklich. Danach kam das Botox, und als sich ihre Muskeln langsam entkrampften, konnte sie wieder richtig Luft holen.

»Danke«, flüsterte sie. Ihre Zunge lag noch immer pelzig und dick in ihrem Mund, aber sie konnte wieder atmen. »Danke!«

Ihre Mutter wischte ihr die Stirn mit einem feuchten Tuch ab. Ihr Vater stand am Fenster, er hatte seine Schultern hochgezogen und stützte sich auf der Fensterbank ab.

»Papa?«, fragte Hannah.

Er drehte sich um. Seine Augen waren gerötet. »Ja, meine Kleine! Du hast es überstanden. Du bist wirklich ein tapferes Mädchen!«

Scheiß auf tapferes Mädchen, dachte Hannah. Ich will nur, dass es so wird wie vorher. Normal sein, laufen können, zwei Stufen auf einmal in der Schule die Treppe hochrennen. Keiner konnte ihr sagen, warum sie diese Anfälle hatte, was da eigentlich mit ihr los war.

Dieser Professor Krumm in dem Berliner Krankenhaus, der sollte es wissen. Er war ein Genie, hatte Doktor Stratmann ihnen bei Hannahs letztem Anfall vor vier Wochen erzählt. Aber dann ging es ihr auf einmal wieder besser, und sie wollte schon glauben, dass alles nur ein böser Spuk gewesen war.

Gerade als Kyra, ihre beste Freundin und Klassenkameradin, bei ihr zu Besuch war, ging es wieder los. Die beiden Freundinnen waren gerade dabei ein paar Schminktipps aus der neuesten *Glamour* auszuprobieren. Ihr Arm mit dem Lippenstift in der Hand schoss nach oben, und sie stürzte. Ihr rechtes Bein war auf einmal ohne jede Kraft, und Kyra schrie erschrocken auf, als Hannah zu röcheln begann.

»Sie stirbt, Frau Heimann, kommen Sie schnell, sie stirbt!«

Sie war nicht gestorben. Aber nach dem Anfall hatte Doktor Stratmann ihnen von dem Professor in Berlin erzählt.

Gleich am nächsten Tag war Vater mit einem Schreiben von Doktor Stratmann zu seiner Krankenkasse gegangen, aber die hatten ihn nur kühl angelächelt.

»Warum nicht gleich einen Professor in der Schweiz? Keiner weiß doch, was Ihrer Tochter fehlt, oder? Da müssen wir erst einmal die hiesigen Ärzte konsultieren.«

»Alles ist eine Kostenfrage«, hatte Vater geschimpft. »Doktor Stratmann sagt doch nicht ohne Grund, dass nur Professor Krumm in der Berliner Charité unserer Tochter helfen kann.«

Aber Hannah musste zu einem Spezialisten der Krankenkasse, ein dicklicher, älterer Facharzt für Neurologie.

Sie hatte einen guten Tag, und so saß sie lachend mit Kyra im Wartezimmer und tuschelte über Emilie, die behauptete, sie hätte einen Freund, so richtig, mit allem Drum und Dran.

»Glaubst du ihr das?«, fragte Hannah.

»Die will sich doch nur wichtigmachen«, sagte Kyra.

»Wer will sich wichtigmachen?«, fragte Doktor Dreiss.

Die beiden Mädchen wurden rot. Sie konnten dem Mann ja wohl schlecht von Emilie und ihrer neuesten Flamme erzählen.

»Wo ist denn deine Mutter?«, fragte der Arzt.

»Sie holt sich nur kurz einen Kaffee«, sagte Hannah.

»Sehr besorgt um dich ist sie wohl nicht«, meinte Doktor Dreiss und musterte Hannah von oben bis unten.

»Nö, warum sollte sie auch?«, fragte Hannah. Der Typ war ihr auf Anhieb unsympathisch. »Darf meine Freundin bei der Untersuchung dabei sein?«

»Nein«, sagte Doktor Dreiss, »nur Familienangehörige.«

Kyra zog eine Grimasse, und Hannah musste lachen.

»Wie schön, dass du das Lachen noch nicht verlernt hast«, sagte der Neurologe. Es klang aber nicht so, als fände er das schön. Mutter kam mit einem Kaffeebecher in der Hand zurück und wurde unter dem prüfenden Blick des Arztes rot.

Sie gingen zu dritt ins Behandlungszimmer.

Der Arzt kontrollierte ihre Reflexe. Hannah musste auf einer weißen Linie laufen und erst mit der rechten Hand und dann mit der linken Hand in ein Gerät kneifen.

»Du hast ja ordentlich Kraft«, stellte der Arzt fest.

»Manchmal kann sie nicht einmal eine Tasse heben«, sagte Mutter, als müsste sie Hannahs Kraft verteidigen.

Doktor Dreiss sagte nichts dazu.

»Die Anfälle«, er betonte das Wort »Anfälle«, als spräche er etwas Unanständiges aus, »kommen die immer vollkommen unerwartet?«

»Ja«, sagte Hannah. Sie hatte absolut keinen Bock, diesem Arzt mehr zu sagen, als sie unbedingt musste. War doch klar, dass er glaubte, sie mache ihm etwas vor. Sie war so froh, wenn sie einen guten Tag wie heute hatte, dass sie wie aufgezogen wirkte. Als wollte sie all das Lachen nachholen, das ihr sonst so oft verging.

»Hast du Geschwister?«

»Nein«, sagte Hannah.

»Deine Eltern können sich also genug um dich kümmern?«

»Ja«, sagte Hannah.

Er zog seinen Drehstuhl dichter zu ihr und beugte sich vor. Hannah wich automatisch zurück. Er roch schlecht aus dem Mund. Vielleicht sollte jemand diesem aufgeblasenen Typen sagen, dass sein Atem eine Zumutung für die Patienten war. Sie grinste bei dem Gedanken daran.

»Was belustigt dich eigentlich so?«

Hannah zuckte die Achseln.

Der Doktor seufzte übertrieben laut und warf Hannahs Mutter einen langen Blick zu.

»Bist du ganz sicher, dass du dich nicht in etwas hineinsteigerst? Ich meine, Körper und Seele sind eins, und vielleicht handelt es sich bei deinen Anfällen«, wieder diese eigenartige Betonung, »vielleicht handelt es sich dabei um eine hysterische Reaktion auf ...«

Er brach ab.

Mutter beugte sich vor, sie bekam rote Flecken am Hals. »Meine Tochter hat keine hysterische Neurose. Alle Anzeichen sprechen dafür, dass es sich um eine Bewegungsstörung handelt. Haben Sie denn den Film von Doktor Stratmann nicht gesehen?«

Doktor Dreiss winkte ab.

»Mein junger Kollege greift zu sehr eigenartigen Mitteln. Und Ihre Tochter dann gleich nach Berlin schicken zu wollen – ein wenig überzogen finde ich das.«

Mutter stand auf. Sie zog Hannah am Arm hoch.

»Wissen Sie, Herr Doktor, was ich reichlich überzogen finde? Wie Sie meine Tochter hier behandeln. Sie tun ja gerade so, als würde sie simulieren. Sie hat heute einen guten Tag, und den genießt sie. Ich übrigens auch. Aber solche Tage sind immer wie die Ruhe vor dem nächsten Sturm. Und Ihr *junger* Kollege, der hat meine Tochter schon einige Male erlebt, wenn sie nicht so einen guten Tag hatte. Ich bin überzeugt, dass er es schon lange erkannt hätte, wenn es sich bei Hannah um eine psychische Störung handeln würde.«

Das Gesicht von Doktor Dreiss spiegelte während Mutters Worten die ganze Skala von verblüfft, irritiert bis hin zu verärgert wider.

Er hatte diese dunkelhaarige Ausländerin unterschätzt. Aber er ließ sich doch von ihr nicht seine Arbeit erklären. Das hier war ganz einfach ein junges Mädchen in der Pubertät. Da neigten viele zur Übertreibung.

2. Kapitel

Hannahs Mutter hatte wie so oft recht gehabt. Es war die Ruhe vor dem Sturm gewesen. Beim nächsten Anfall verletzte Hannah sich am Kopf, als sie fiel, und sie musste mit einer Gehirnerschütterung und einer Kopfwunde einige Tage im Krankenhaus bleiben. Als sie zwei Tage dort war, kam Kyra zu Besuch und brachte einen gut aussehenden jungen Mann mit, dem eine Digitalkamera um den Hals hing.

Hannah war froh, dass sie ihren neuen Pyjama anhatte. Außerdem hatte sie beim Kämmen ihres langen dunklen Haares festgestellt, dass sie die Kopfwunde gut mit ihren Haaren verdecken konnte. Sie hatte gerade ein wenig Lipgloss aufgetragen, als Kyra mit dem Traumtypen hereinkam.

Ob das ihr Freund war? Wo hatte sie den denn aufgegabelt? »Das ist Thomas«, sagte Kyra.

»Thomas?«, fragte Hannah erstaunt.

Thomas lächelte sie freundlich an. Das Mädchen war ja noch viel hübscher, als ihre Freundin gesagt hatte.

Gestern war Kyra in seiner Redaktion aufgetaucht. Es war reines Glück gewesen, dass er gerade zwischen zwei Reportagen an seinem Arbeitsplatz bei der *Hannoverschen Allgemeinen* saß.

»An der Tür steht *Eintritt verboten*, sagte er und sah nicht einmal auf.

»Wenn man sich an alle Verbote halten würde, kommt man nicht weit!«

Etwas erstaunt hatte er das junge Mädchen angesehen. Sie erinnerte ihn an Pippi Langstrumpf: Sommersprossen und dickes rotbraunes Haar, das im Sonnenlicht glühte. Aber es war ihr entschlossener Blick, der ihn dazu brachte, auf seine Uhr zu schauen und zu sagen: »Du hast fünf Minuten, dann habe ich einen Termin.«

Und Kyra erzählte ihm von Hannah, die innerhalb eines Jahres von einem kerngesunden zu einem kranken, unter heftigen Schmerzen leidenden Mädchen geworden war.

»Jetzt liegt sie gerade mit einer Gehirnerschütterung im Krankenhaus. Sie müsste aber nach Berlin. Nur, die von der Krankenkasse haben gesagt, dass das viel zu teuer ist. Sie könnten doch eine Aktion starten, so unter dem Motto: ›Helft Hannah‹!«

Kyra ratterte das so schnell herunter, dass Thomas Seifert merkte, dass sie den Text unzählige Male geübt haben musste.

Helft Hannah!, das klang allerdings nicht schlecht.

»Hast du ein Foto von deiner Freundin?«, fragte er. Für ein hübsches junges Mädchen konnte er jetzt, in der Saure-Gurken-Zeit, vielleicht das ein oder andere möglich machen. Die letzte Aktion für eine Herzoperation für den kleinen Mirko war auch ein großer Erfolg gewesen. Aber das war schon wieder über ein halbes Jahr her, und die Menschen waren zur Weihnachtszeit besonders freigebig gewesen.

Kyra hatte ein Foto von sich und Hannah aus ihrer Tasche geholt. Zwei übermütig lachende junge Mädchen waren darauf zu sehen.

»Und dies Mädchen ist krank?«, fragte der Journalist und zeigte auf Hannah.

Kyra nickte. »Und der letzte Neurologe meinte, sie sei vielleicht hysterisch. Da kennt er Hannah schlecht! Die ist so normal wie Sie und ich!«

Thomas Seifert sah zu Hannah. Er hatte selten ein so hübsches Mädchen gesehen. Hannah war ein Schneewittchen-Typ und sah nicht aus wie vierzehn – sie wirkte viel älter.

Er hatte nach dem Termin hier eine Verabredung mit Doktor Stratmann. Er war gespannt, was der Arzt ihm zum Krankheitsbild des Mädchens sagen konnte.

»Was soll das?«, fragte Hannah und sah von einem zum anderen. »Thomas wer?«

»Hat Kyra dich nicht eingeweiht?«

»Eingeweiht in was?« Hannah zog die Bettdecke ein wenig höher. Sie sah zu ihrer Freundin. Deren Sommersprossen begannen unter der aufsteigenden Röte zu leuchten. Wie kleine Glühwürmchen.

»Also, das ist so, Hannah«, sagte Kyra, »wir müssen etwas unternehmen. Ich meine, wie lange willst du noch ständig stürzen und dich dabei verletzen? Und dann zucken wie ein Käfer, der auf dem Rücken liegt?«

»Danke«, sagte Hannah trocken. »Der Vergleich schmeichelt mir!«

»Deine Freundin meint es nur gut«, vermittelte Thomas Seifert. »Wenn wir die Öffentlichkeit hinter uns bekommen, könntest du vielleicht als Privatpatientin nach Berlin. Ich habe gehört, dass es in der Charité einen Spezialisten für Bewegungsstörungen geben soll?«

Hannah zuckte die Schultern. Sie war nicht gern die bemitleidenswerte Kranke, schon gar nicht, wenn so ein gut aussehender Typ im Raum war.

Der Reporter sah ihre Scheu und zückte seine Kamera.

»Ich mache dir einen Vorschlag: Ich fotografiere und filme dich, dann spreche ich mit Doktor Stratmann, und wenn ich den Artikel fertig habe, darfst du entscheiden, ob wir ihn so drucken oder nicht.«

»Abgemacht«, sagte Hannah nach kurzem Überlegen und schob die Bettdecke wieder etwas herunter.

Thomas Seifert hatte schon viel gesehen und wusste sich gegen Elend und Leid zu schützen, aber der Film von Doktor Stratmann ließ ihn auf dem Stuhl nach vorne rutschen. Gerade hatte er noch mit Hannah und Kyra gelacht und einige hübsche Fotos von dem Mädchen gemacht. Sie war sogar bereit gewesen, aufzustehen und am Fenster zu posieren. Er brauchte ihr kaum Tipps zu geben, ihre natürliche Anmut, ihre graziösen Bewegungen wirkten einfach unglaublich gut auf den Fotos. Im Stillen gab er dem Neurologen von der Krankenkasse recht, das Mädchen schien gesund. Vielleicht wirkten ihre Bewegungen ein wenig zu vorsichtig, aber das konnte auch an der Gehirnerschütterung liegen.

Und jetzt sah er die gleiche Hannah, wie sie sich unter Schmerzen wand, wie sie die Augen verdrehte und wie ihre Gliedmaßen spastisch zuckten.

»Was um Himmels willen hat sie?«

Doktor Stratmann zog die Schultern hoch. »Irgendeine Muskelerkrankung. Ich weiß es wirklich nicht. Sie haben Hannah ja eben getroffen. Zwischen den Anfällen ist sie bewegungsunauffällig. Natürlich bekommt sie Medikamente, aber die Abstände zwischen den Anfällen werden immer kürzer, und ich befürchte, dass bei jedem Anfall irreparable Schäden entstehen. Sie muss unbedingt von Professor Doktor Krumm in der Berliner Charité untersucht werden. Ich habe ihm den Film zugeschickt.«

Thomas Seifert lehnte sich zurück.

»Kyra, Hannahs Freundin, hat mir gesagt, dass die Krankenkasse nicht bereit ist, die Kosten für eine Behandlung in Berlin zu übernehmen.«

Doktor Stratmann nickte. »Das wäre furchtbar, wenn Professor Krumm sich Zeit für Hannah nehmen könnte und dann scheitert es am Geld.«

Hannah und ihre Eltern waren einverstanden, dass Thomas seine Aufnahmen und die Aufnahmen von ihrem letzten Anfall ins Internet stellen und in seiner Zeitung einen Aufruf starten durfte.

Helft Hannah! stand dann ein paar Tage später in der *Hannoverschen Allgemeinen,* zusammen mit einem ihrer schönsten Fotos und einem von ihrem letzten Anfall. Aber der Film auf *YouTube* machte deutlich mehr Eindruck. Er wurde schon am ersten Tag hunderte Male angeklickt, und die Kommentare zeigten, dass die meisten schockiert von den Bildern waren. Und noch wichtiger war, dass die Spenden sofort nach dem Zeitungsartikel anfingen zu fließen.

Kyra kam am nächsten Tag ins Krankenhaus gewirbelt.

»Du wirst ein Star! Jeder spricht über dich! Emilie und ihr Freund haben in der Schule einen Vortrag über dich gehalten. Und natürlich auf den Film auf *YouTube* hingewiesen.«

Hannah lächelte matt. Dass der Rektor das erlaubt hatte! Sie hatte den Film jetzt auch gesehen und war schockiert gewesen. Wie abstoßend sie aussah! Und das konnte sich jetzt jeder ansehen! »Frankensteins Monster ist nichts dagegen!«, sagte sie bitter zu Kyra.

»Aber da ist doch auch der Film, wenn du normal bist«, beruhigte Kyra sie. »Und vielleicht kann dich dieser Professor in Berlin gesund machen! Dann brauchst du auch nicht auf eine Schule für körperlich Behinderte zu gehen!«

Es hatte sich im Käthe-Kollwitz-Gymnasium wie ein Lauffeuer verbreitet, dass ihr Schulleiter Hannahs Eltern nahegelegt hatte, ihre Tochter auf einer Schule anzumelden, auf der man mehr Rücksicht auf sie nehmen konnte. »Du willst doch wieder zu uns auf die Schule?«

»Ich weiß nicht«, sagte Hannah. Die Schmerzmittel machten sie schläfrig. »Manchmal habe ich gar keinen Bock mehr auf Berlin. Ich bin doch kein Versuchskaninchen.«

»Das behauptet doch auch niemand«, protestierte Kyra. »Der Professor in Berlin ist eben *der* Spezialist für Muskelerkrankungen.«

»Ich will einfach nur normal sein. Ich will wie du laufen können und nicht ständig Angst haben, dass es mich gleich wieder erwischt. Ich kann meinem Körper überhaupt nicht mehr vertrauen. Kannst du dir vorstellen, wie das ist?« Sie verschwieg, dass sie sich bei ihrem letzten Anfall wie ein kleines Kind in die Hose gemacht hatte. Wie peinlich war das denn!

Nein, Kyra konnte sich nicht vorstellen, wie das war. Für sie war es selbstverständlich, dass sie jeden Morgen ihre Beine aus dem Bett schwang, dass sie unter die Dusche ging, sich abtrocknete, anzog und die Treppe hinunter zu ihren Eltern zum Frühstück ging. Sie konnte sich nicht vorstellen, dass ihre Beine nicht das taten, wofür sie da waren, ihre Arme ihr nicht gehorchten, wenn sie ihr dickes rotbraunes Haar im Nacken bändigte, und sie nicht die eiserne Wendeltreppe hinunterspringen könnte, sodass Mutter immer wieder sagte: »Halt dich fest, Kyra, die meisten Unfälle passieren im Haushalt!«

Sie hatte einmal versucht, wie Hannah auf dem Po ins Badezimmer zu robben. Schon beim Hochziehen an der Toilettenschüssel hatte sie aufgegeben. Außerdem konnte Hannah das auch nicht, weil ihr rechter Arm nach einem Anfall geschwächt war. Hannah musste sich mithilfe ihrer Mutter auf die Toilette setzen lassen. Das war echt krass!

»Nein«, sagte sie darum, »ich kann mir das nicht vorstellen! Ehrlich nicht. Aber darum sollst du ja auch nach Berlin. Der Professor kann dich bestimmt wieder gesund machen.«

Doktor Stratmann kam mit einer Schwester herein. Er

grüßte die Mädchen und winkte ab, als Kyra aus dem Zimmer gehen wollte.

»Dir haben wir ja wohl den Wirbel zu verdanken, der im Moment um Hannah gemacht wird. Normalerweise bin ich nicht für so ein Tamtam, aber wenn so genug Geld zusammenkommt, will ich nichts gesagt haben.«

Kyra strahlte.

Hannah sah Doktor Stratmann unsicher an.

»Kann ich denn wieder ganz gesund werden? Ich meine, gibt es irgendein Wundermittel, das mir dieser Professor verschreiben kann?«

»Das kann ich dir nicht versprechen«, sagte der Arzt ehrlich. »Aber wir wären ja schon ein ganzes Stück weiter, wenn wir wüssten, was du überhaupt hast!«

Hannah schwieg. Vielleicht wollte sie das gar nicht wissen? Wenn der Professor nun sagen würde, dass dies nur der *Anfang* einer Muskelerkrankung war, und sie in einem Jahr nicht einmal mehr einen kleinen Finger rühren konnte? Sie hatte einmal im Fernsehen einen querschnittsgelähmten Jungen gesehen. Der war im Sommer mit einem Kopfsprung in einen See gesprungen, der nicht so tief war, wie er gedacht hatte. Er hatte sich die Wirbelsäule gebrochen. Das war der totale Horror, hatte sie gedacht. Der Junge musste gefüttert werden, und trinken konnte er nur mit einem Strohhalm.

»Dann bin ich lieber tot«, hatte sie damals zu ihrer Mutter gesagt. »Das ist doch kein Leben!«

Hannahs Mutter hatte feuchte Augen bekommen.

»Ja«, hatte sie gesagt, »das ist sehr schlimm. Aber hast du

gehört, wie der Junge gesagt hat, dass er noch so viel könne?«

»Ja«, spottete Hannah, »mit der rechten Hand durch Tastendruck einen Computer bedienen, Fernsehen schauen und wahrscheinlich kann er auch Bücher auf einem E-Reader lesen. Aber ist das genug? Ist das ein Leben?«

»Wir haben die Fotos von deinem letzten Scan«, holte Doktor Stratmann sie in die Wirklichkeit zurück.

»Und?«, fragte Kyra. »Können Sie jetzt etwas sehen?« Es wäre eine solche Erleichterung, wenn man bei den Aufnahmen von Hannahs Kopf sehen könnte, warum da anscheinend hin und wieder ein Kurzschluss geschah.

Hannah sagte nichts und sah ihn nur an.

Doktor Stratmann blätterte in Hannahs Krankenakte und schüttelte den Kopf.

»Nein«, sagte er, »wir haben nichts entdeckt!«

Hannah sank in ihr Kissen zurück. Der Arzt sah ihre Enttäuschung.

»Das bedeutet aber nicht, dass da nicht doch etwas ist. Etwas, das wir nicht sehen können.«

Hannah schwieg.

»Ich habe deine Eltern angerufen. Sie können dich heute Mittag nach Hause holen. Deine Gehirnerschütterung ist gut ausgeheilt, und ausruhen kannst du dich besser zu Hause.«

Hannah schwieg weiter. Sie hatte überhaupt keine Lust, nach Hause zu gehen. Der nächste Anfall konnte schon morgen kommen, und dann war sie ja doch wieder hier.

»Du bekommst Morphiumtropfen mit nach Hause«, fuhr der Arzt fort, »und außerdem etwas gegen die Schmerzen. Dann noch ein Medikament, das die Gefahr eines erneuten Krampfanfalles verringert.«

Der Arzt sah sie aufmerksam an.

»Du möchtest am liebsten hierbleiben, nicht wahr?«

Hannah nickte und konnte nur mit Mühe ihre Tränen unterdrücken. Irgendwie war das Krankenhaus mit Doktor Stratmann wie eine kleine Insel für sie geworden. Sie hatte kaum Schmerzen gehabt, konnte einigermaßen laufen, und die Besuche von Thomas waren so besonders für sie gewesen.

»Wir machen dich zum Star, Hannah«, hatte er gestern noch gesagt. »Pass auf, du hast bald genug Geld zusammen, dass du dich auch ohne deine Krankenkasse von Professor Krumm behandeln lassen kannst. Und ich bin überzeugt, dass du auch noch andere Angebote bekommen wirst.«

»Wie meinst du das denn?«, hatte sie gefragt.

Er hatte sich vertraulich vorgebeugt und ihre Hand in seine genommen.

»Mädchen, so wie du aussiehst, da wird es genug Jungs geben, die dich kennenlernen möchten.«

Hannah hatte ihre Hand weggezogen.

»Ich habe überhaupt keinen Bock auf Jungen. Die begreifen doch gar nichts.«

»Du vergisst den Film auf *YouTube*!«

Nein, den hatte Hannah nicht vergessen. Aber gerade deswegen würde es jede Menge Freaks geben, die ihr Handy schon zur Hand hatten, um sie beim nächsten Anfall zu filmen. Thomas würde so etwas bestimmt nicht tun.

Der Journalist war aufgestanden.

»Ich habe noch einen Termin. Ich komme dann später zu euch nach Hause, wenn es dir recht ist.«

»Gerne!«, hatte sie geantwortet. Aber zu Hause würden sie nie so ungestört sein wie hier im Krankenhaus. Was würden ihre Eltern wohl sagen, wenn Thomas jeden Tag kommen würde? Oder würde er gar nicht so oft kommen?

»Wenn ich eine Antwort von Professor Krumm habe, bist du die Erste, die es erfährt. Das verspreche ich dir!«, sagte Doktor Stratmann.

Hannah nickte.

»Muss ich wirklich in eine Schule für Behinderte?«, fragte sie dann. »Ich meine, kann es nicht sein, dass die Anfälle einfach wegbleiben?«

Jetzt nahm der Arzt ihre Hand.

»Hannah, Mädchen, du bist alt genug, um zu wissen, dass ich dir nie so starke Medikamente verschreiben würde, wenn ich glauben würde, dass deine Krampfanfälle sich auf einmal in Luft auflösen könnten. Diese Tabletten machen schon nach kurzer Einnahme abhängig. Ich habe lange darüber nachgedacht und verschiedene Kollegen um ihre Meinung gebeten. Sie alle denken, dass du unbedingt ein stärkeres krampflösendes Mittel nehmen musst. Wir wissen ja noch immer nicht, was du wirklich hast. Dein Krankheitsbild ist zu untypisch.«

»Aber ich kann doch jetzt wieder laufen! Ich meine, mit den Medikamenten fühle ich mich wieder ganz wohl!«

Es tat Doktor Stratmann beinahe körperlich weh, was er Hannah jetzt sagen musste.

»Das stimmt, Hannah, und ich bin auch froh, dass die Medikamente so gut anschlagen. Aber wie lange? Wann hat sich dein Körper an sie gewöhnt? Wann kommt trotz allem der nächste Anfall? Ich kann dir nichts versprechen.«

»Oh«, sagte Hannah und sah auf die Hand des Arztes. Sie war glatt und gepflegt, mit kurzen, eckigen Fingernägeln.

»Sie glauben also, ich muss wirklich auf eine Schule für körperlich Behinderte?«

»Ja«, sagte der Arzt. »Aber das heißt ja nicht, dass es dir dort nicht gefällt.«

Hannah schwieg.

»So wie du haben sie entweder eine Krankheit oder einen Unfall, der sie bewegungsunfähiger macht«, sagte der Arzt. »Es sind ganz normale Jugendliche!«

»Aber ich will wieder zurück in meine alte Schule«, schluchzte Hannah und umklammerte die Hand von Doktor Stratmann, als könne die sie dahin zurückbringen. »Auch wenn der Rektor meint, der Druck sei zu groß. Ich will zurück in mein normales Leben!«

»Zurück«, sagte Doktor Stratmann, »zurück ist die falsche Richtung.«

3. Kapitel

Christa Mutmann war seit zehn Jahren Lehrerin auf der Schule für körperlich behinderte Kinder. Sie hatte den Schritt, auf diese Schule zu wechseln, vor Jahren als eine besondere Herausforderung betrachtet. Sie hatte einige Schulungen gemacht, um dem psychischen und körperlichen Druck gewachsen zu sein. Außerdem musste sie einen Erste-Hilfe-Kurs absolvieren und konnte jetzt ohne Weiteres einen Druckverband anlegen, Spritzen geben oder reanimieren. Letzteres hatte sie glücklicherweise noch nicht machen müssen. Aber es war schon öfters vorgekommen, dass ein epileptisches Kind sich bei einem Anfall so schwer verletzte, dass sie helfen musste, bevor der Notarztwagen eintraf.

Sie hatte den Entschluss, Lehrerin auf einer Schule für körperlich behinderte Jugendliche zu werden, nie bereut. Hier hatte sie das Gefühl, wirklich gebraucht zu werden. Die Arbeit machte ihr Spaß, und sie mochte ihre Schüler.

Jetzt hatte sie die Krankenakte von Hannah Heimann in der Hand. Das Schicksal des Mädchens mit den großen dunklen Augen und den langen schwarzen Haaren berührte sie. Natürlich kannte sie sie durch den Rummel in der Zeitung. Sie stand solch einem Medienspektakel kritisch gegenüber. Da wurde ganz bewusst auf die Tränendrüse der Leser gedrückt und oft Hoffnungen geweckt, die dann letzten Endes doch nicht wahr gemacht werden konnten. Es war so ungerecht, dass Deutschland immer mehr eine Zweiklassengesellschaft wurde. Die wirklich guten Ärzte bezahlten die Krankenkassen oft nicht, und man musste sehen, wo man blieb. Da war es wahrscheinlich wirklich gut, dass es Journalisten wie Thomas Seifert gab, die so eine Aktion geschickt und medienwirksam in Szene setzten.

Natürlich hatte auch sie gehofft, dass dem Mädchen in der Berliner Charité geholfen werden konnte. Aber vorgestern hatte in der *Hannoverschen Allgemeinen* gestanden, dass der bekannte Professor auf einem Kongress in Chicago war. Deswegen hatte er auch nur kurz durch seinen Pressesprecher mitteilen lassen, dass er sich sofort um »den Fall Hannah Heimann« kümmern würde, wenn er wieder zurück war. Aber das dauerte noch drei Wochen.

Dann werde ich mich jetzt erst einmal um Hannah kümmern. Die erfahrene Lehrerin wusste, dass die ersten Wochen an ihrer Schule für die Neuzugänge besonders schwer waren.

Am Montag nach den Sommerferien hielt sie sich schon früh in der Empfangshalle auf.

»Tag, Frau Mutmann«, rief ihr immer wieder eines der vorbeifahrenden Kinder zu. Die Gänge waren breit genug, sodass die Kinder ohne Probleme ihre Rollstühle zu den Klassenräumen manövrieren konnten. Die Garderobenhaken waren so angebracht, dass man sie im Sitzen erreichen konnte. Die Wände waren in einem warmen Gelb gestrichen, und auf einer Tafel lachte den Schülern das Lehrpersonal entgegen. Unter jedem Foto stand der Name des Lehrers oder der Lehrerin. Ich muss meines mal wieder aktualisieren, dachte sie, man erkennt mich wahrscheinlich mit der neuen Frisur gar nicht mehr.

»Frau Mutmann?«

Sie drehte sich ein wenig erschrocken um und erkannte Hannah sofort. Ihre Mutter stand neben dem Rollstuhl und wirkte etwas hilflos. Da hat es heute Morgen schon den ersten Zoff gegeben, dachte sie und nickte besonders freundlich.

»Ja«, sagte sie. »Wir haben miteinander telefoniert.« Sie wandte sich zu Hannah. »Und du bist Hannah.«

»Ja«, sagte Hannah giftig und sah dabei viel weniger hübsch aus als auf den Fotos in der Zeitung. »Ich bin Hannah. Meine Eltern meinen, ich bin jetzt endgültig körperbehindert. Und dann gehöre ich eben auf so eine Schule!«

Christa Mutmann sah, dass sich die Augen der Mutter mit Tränen füllten.

»Wenn es dir wirklich bald besser gehen sollte, kannst du jederzeit wieder zurück auf deine alte Schule. Aber ich bin überzeugt, dass du hier auch schnell Freunde finden wirst. Und unsere kleinen Klassen ermöglichen es uns, viel mehr Zeit mit jedem einzelnen Schüler zu verbringen.«

Hannah schwieg. Sie hatte keine Lust, sich hier einzugewöhnen. Ein Junge fuhr vorbei und winkte Frau Mutmann zu.

Speichel lief aus seinem Mund. Angeekelt wandte Hannah sich ab.

»Das ist Philipp«, sagte ihre Lehrerin und tat so, als hätte sie Hannahs Gesichtsausdruck nicht gesehen.

»Komm, wir müssen zu Frau Heibel, unserer Rektorin.«

Annette Heibel stand auf und begrüßte Frau Heimann und ihre Tochter.

»Wenn man der Zeitung Glauben schenken darf, bist du ein richtiger kleiner Star. Ich habe gelesen, du hast sogar schon Angebote für Modefotos bekommen?«

»Ja«, sagte Hannah und dachte, wohin bin ich hier bloß geraten? Die Rektorin sah aus wie ein Mann, hatte auch so eine Stimme, aber sie war gekleidet wie eine Frau.

»Ja, ein hübsches Gesicht verkauft sich immer gut!«, sagte Annette Heibel. »Ich wünsche dir viel Spaß und Freude bei der Eingewöhnung. Mit deiner Klassenlehrerin hast du schon das große Los gezogen.«

Hannah schwieg. Sie fühlte sich überhaupt nicht, als hätte sie mit irgendetwas hier das große Los gezogen. Und dann hatten ihre Eltern sie heute Morgen auch noch gezwungen, in ihrem Rollstuhl in die neue Schule zu fahren.

»Wir haben dir extra einen Rollstuhl gekauft, den man auch mit noch größerer Bewegungseinschränkung fahren kann. Doktor Stratmann hat ausdrücklich gesagt, dass du deine rechte Seite nicht überbelasten sollst«, hatte ihr Vater gesagt und geniest. »Und wenn mich diese Sommergrippe nicht erwischt hätte, könnte mich auch nichts davon abhalten, mit dir und Mutter heute zur Schule zu gehen.«

»Zu fahren«, hatte Hannah ihn verbessert. »Ich soll ja schließlich in dem Ding fahren.«

»Aber du kannst kurze Wege laufen«, versuchte ihre Mutter sie zu beschwichtigen. »Du willst doch nicht behaupten, dass dein rechtes Bein schon wieder so kräftig ist wie vor dem letzten Anfall.«

Hannah hatte nichts dazu gesagt. Ihre Eltern hatten ja recht. Seit dem letzten Anfall waren ihr rechtes Bein und ihr rechter Arm schwächer geworden. Aber doch nicht so schwach, dass sie gleich in einen Rollstuhl musste? Und sie gehörte nicht in diese Schule! Sie hatte eine vorübergehende Muskelschwäche, und wenn der Professor in Berlin sie untersucht hatte, könnte er ihr endlich die richtige Medizin geben, und mit einer guten Physiotherapeutin könnte sie sicher bald wieder die Treppen in ihrer alten Schule hinaufspringen.

Deswegen hatte es heute Morgen auch Zoff gegeben. Sie hatte gehofft, dass Mutter doch noch nachgeben würde, aber selbst Tränen hatten nichts genützt.

»Deine zukünftige Lehrerin hat gesagt, du sollst den Rollstuhl zumindest mitbringen. Wenn du ihn dann in der Schule nicht brauchst, ist das in Ordnung.«

Und so eine Lehrerin sollte das große Los sein?

»Nicht schlecht«, sagte die Rektorin und begutachtete den Rollstuhl von allen Seiten. »Wirklich eine gute Wahl.«

»Doktor Stratmann hat uns beraten«, sagte Frau Heimann.

»Können wir endlich?«, fragte Hannah. »Oder willst du jetzt hier noch Reklame für Rollstühle machen?«

»Hannah, bitte!«, sagte ihre Mutter.

Am liebsten hätte Hannah den Tonfall ihrer Mutter nachgemacht, aber sie wandte sich nur an ihre Lehrerin.

»Ich würde gerne in meine Klasse gehen, ich meine, fahren. Oder sind bei körperbehinderten Jugendlichen immer so lange Vorgespräche nötig? Wollen sie testen, ob ich noch ganz richtig im Kopf bin?«

Ihre Mutter wurde rot. Wie verändert Hannah war! Vielleicht war es wirklich keine gute Idee gewesen, sie auf diese Schule zu schicken. Aber sie würde die vielen Fehlzeiten ja nicht wieder aufholen können. Hier war man darauf eingerichtet, dass die Kinder bedingt durch ihre Behinderungen mehr Fehlzeiten hatten als gesunde Kinder.

»Wir können jederzeit in deine Klasse gehen«, sagte Frau Mutmann. »Und ob du noch richtig im Kopf bist, werden wir bald herausbekommen.«

Der erste Tag in der neuen Schule war genauso schrecklich, wie Hannah ihn sich vorgestellt hatte. Alle Kinder saßen in einem Rollstuhl. Ein Junge konnte ihn nur mit dem Kinn bedienen. Sie fühlte sich wie in einem Gruselkabinett. Und wenn ihre rechte Seite nicht wirklich schwächer als die linke gewesen wäre, wäre sie laut protestierend aus dem Klassenraum gelaufen. Immer weiter und weiter wäre sie gelaufen, bis sie wieder zwischen normalen Menschen sein würde, die keine Ahnung hatten, wie schrecklich und gnadenlos das Schicksal manche Menschen traf. Sie wollte nicht zu denen gehören, sie war nur vorübergehend krank, das konnte doch mal passieren, so, wie ihr Vater gerade eine Grippe hatte. Aber das ging vorbei, es musste vorbeigehen!

Christa Mutmann stellte sie ihren neuen Mitschülern vor, und Hannah versuchte, so gut es ging, den forschenden Blicken ihrer neuen Klassenkameraden auszuweichen.

»Du bist ja so was wie ein Star«, sagte ein Junge, dem beide Beine fehlten.

»Ich habe mich nicht darum gerissen«, sagte Hannah schnippisch, »aber mein Freund von der *Hannoverschen Allgemeinen* meinte, nur so bekommen wir das Geld für eine Behandlung in Berlin zusammen. Und dieser Professor wird mich dann wieder ganz gesund machen!«

Für einige Momente herrschte betretenes Schweigen in der Klasse. »Das glaubst du wirklich?«, fragte derselbe Junge. Hannah erinnerte sich, dass er Alex hieß. Sie zuckte mit den Schultern.

»Die Aussichten sind nicht schlecht«, sagte sie betont gleichmütig. »Ich brauche den Rollstuhl nur nach einem Krampfanfall. Eine Woche später kann ich meistens schon wieder ganz gut laufen.«

»Wie schön für dich«, sagte Alex. »Oder sollte ich sagen: schön blauäugig?« Hannah errötete, weil ihr im gleichen Moment klar wurde, dass Alex wohl nie wieder normal laufen konnte. Aber was meinte er mit ›blauäugig‹? Und wieso trug er eigentlich keine Prothesen?

»Ich dachte zu Anfang auch, ich hätte nur eine Grippe«, sagte das Mädchen neben ihr und gab Hannah eine kleine, geschwollene Hand. Hannah bemühte sich, nur in das Gesicht des Mädchens zu sehen. Über ihren Schoß lag ein kariertes Plaid.

»Ich heiße Dilara«, sagte das Mädchen und lächelte. »Unsere Namen hast du dir bestimmt bald gemerkt.«

Hannah nickte. Sie musste ihr ja nicht auf die Nase binden, dass es sich überhaupt nicht lohnte, sich die Namen einzuprägen. Sie wollte so schnell wie möglich wieder in ihre alte Schule. Wenn der Professor zurück war, dann hatten sie bestimmt auch das Geld zusammen. Thomas war gestern noch bei ihr gewesen und hatte vom Stand der Spendenaktion berichtet.

»Es kommen wirklich jeden Tag neue Spenden. Ich habe keine Ahnung, was eine Behandlung bei Professor Krumm kostet, aber ich glaube, wir haben schon genug beisammen.« Er schwieg einen Moment. »Wie würdest du es finden, wenn ich euch begleite? Die *Hannoversche Allgemeine* will einen täglichen Bericht von deiner Behandlung drucken.«

Hannah hatte gezögert. Wenn es nun nicht so glatt lief? Natürlich kamen ihr manchmal Zweifel. Meistens nachts, wenn sie sich schlaflos hin und her wälzte.

Thomas sah ihre Bedenken.

»Es bleibt dabei, dass du deine Fotos auswählen darfst!«

Dankbar hatte Hannah genickt. Die Zweifel durften sich erst gar nicht bei ihr einnisten. Positiv denken, das war sehr wichtig.

»Dann natürlich gerne. Das hilft mir vielleicht auch, meine neue Karriere aufzubauen.«

»Und die wäre?«, fragte Thomas erstaunt.

Einen Moment hatte Hannah sich geärgert. Er hatte ihr doch selbst von den Anfragen für Werbefotos erzählt. War doch klar, dass sie Fotomodell werden wollte.

Das sagte sie ihm auch. Er hörte den leichten Vorwurf in ihrer Stimme.

Er nahm die Tasse mit dem grünen Tee, den Hannahs Mutter für sie gekocht hatte, in beide Hände. Das gab ihm etwas Zeit für seine Antwort.

Hatte er da Träume geweckt, die sich vielleicht nur vorübergehend wahrmachen ließen? Begriff Hannah nicht, dass das Interesse der Leser und damit auch der Werbeagenturen morgen schon wieder ganz woanders liegen konnte?

»Macht ja nichts«, hörte er Hannah sagen. »Du hast schließlich noch etwas anderes zu tun, als dich vierundzwanzig Stunden lang um mich zu kümmern.« Ihre schmale Hand lag auf seinem Arm. Er sah, dass ihre Nägel lackiert waren und auf jedem Nagel eine kleine Rose blühte.

Hannah hatte seinen Blick gesehen: »Hübsch, oder? Ich habe eine Gratismaniküre von einem Nagelstudio bekommen. Dafür dürfen sie mein Foto als Werbung benutzen.«
Ihre Lehrerin holte sie in die Gegenwart zurück.

»Wir waren bei Martin Luther«, begann sie. »Welches Opfer musste der Reformator bringen, um den Schutz seines Großfürsten nicht zu verlieren?«

Der Junge, der Hannah schon im Flur aufgefallen war,

antwortete. Er war schwer zu verstehen. Die Epilepsie ließ ihn ein wenig stottern. Und er sabberte.

»Die Bauern«, sagte er mühsam. »Martin Luther musste die Bauern opfern. Mehr als sechstausend Bauern starben in dem Bauernkrieg.«

»Gut, Philipp«, sagte Frau Mutmann. »Weiß jemand, warum sie starben? In welchem Zusammenhang steht ihr Schicksal mit dem von Martin Luther?«

Sie sah Hannah an. »Habt ihr diesen Teil der deutschen Geschichte schon durchgenommen?«

»Nein«, sagte Hannah »aber wenn ich das Buch habe, ist es ja kein Problem, das nachzuholen.«

Das klang vielleicht ein wenig überheblich, aber Geschichte war eines ihrer Lieblingsfächer. Wäre doch gelacht, wenn sie das nicht nachholen könnte. Und wenn sie sowieso wieder zurück in ihre alte Schule ging, brauchte sie sich gar keine Mühe zu geben. Aber andererseits wollte sie auch zeigen, dass sie nicht auf den Kopf gefallen war.

»Die Bauern starben, weil Martin Luther ihnen nicht beistand. Sie hatten damit gerechnet, dass er ihre Forderungen, weniger Abgaben an die Obrigkeit zu zahlen, unterstützen würde«, sagte Alex.

»Sehr gut«, sagte Frau Mutmann. »Martin Luther wollte es sich mit dem Großfürsten nicht verderben. Er musste abwägen, was ihm wichtiger war: ein Volksheld zu sein oder seine Glaubensreformation durchzusetzen. Er entschied sich für seinen Glauben. Seine von ihm übersetzte Bibel sollte dem Volk beweisen, welche Macht sich die Kirche angeeignet hatte. Die Macht der weltlichen Herrscher schien ihm dagegen selbstverständlich, die kritisierte er nicht.«

In der Pause fuhr Hannah nicht auf den Pausenhof, sondern vor die große Eingangstür, um von dort die vorbeieilenden Menschen zu beobachten. Sie waren alle so in Gedanken, dass keiner sie bemerkte. Das war ihr gerade recht. Was die Menschen wohl für Sorgen hatten? Sie sahen fast alle gehetzt und gestresst aus. Wussten sie nicht, wie glücklich sie schon allein wegen der Tatsache waren, dass sie laufen konnten, dass sie selbstständig und unabhängig durch ihr Leben gehen konnten?

»Heute schon gelacht?«, fragte plötzlich eine Stimme neben ihr.

Erschrocken drehte Hannah sich zur Seite. Alex stand in seinem Rollstuhl neben ihr und zog gerade die Bremse an. Er sah wirklich gut aus, ein wenig wie Sebastian Schweinsteiger in jung und mit dunklen Haaren. Aber der Fußballer hatte kräftige, durchtrainierte Beine.

»Und du?«, fragte Hannah, um gleich in die Offensive zu gehen. »Du scheinst mir auch nicht unbedingt die reine Frohnatur.«

Alex grinste.

»Bin ich aber. Ich finde nur deine Starallüren ziemlich anstrengend. So, als wären wir alle Deppen, und nur du weißt, wo es langgeht.«

Hannah errötete. Er hatte recht. Sie musste auf die anderen Mitschüler ganz schön arrogant gewirkt haben. Aber eigentlich sollte ihr das ja egal sein. Sie wollte sich erst gar nicht wohl in dieser Schule fühlen. Sie gehörte nicht hierher.

»Das dachte ich zu Anfang auch«, sagte Alex, der ihre Mimik aufmerksam beobachtet hatte.

»Und warum bist du dann hier?«, fragte Hannah. »Schließlich gibt es doch Prothesen. Damit kann man wieder ein fast normales Leben führen.«

Ein Schatten huschte über Alex' Gesicht, und er presste für eine Sekunde seine Lippen aufeinander.

»Kommen wir zurück zum Lachen«, sagte er dann, anscheinend gleichmütig. »Beim Lachen werden Stresshormone abgebaut. Und wer lacht und Spaß versteht, stärkt sein Immunsystem. Dadurch beugt er vielen Krankheiten vor.«

»Wohl Psychologie als Lieblingsfach?«, fragte Hannah und ärgerte sich gleichzeitig über ihre taktlose Frage. Wie konnte sie ihn fragen, warum er keine Prothesen trug? Sie hatte doch keine Ahnung von seiner Krankheitsgeschichte.

»Ist gut zur Selbsterkenntnis«, bestätigte Alex. »Die Psychologie, meine ich. Und manchmal kann man auch jemand anderen besser verstehen.«

»Ich weiß«, sagte Hannah. »Lachen hilft uns, mit den Lasten des Lebens besser fertigzuwerden.« Sie freute sich, dass sie sich diesen Spruch gemerkt hatte.

»Sigmund Freud«, sagte Alex. »Kennst du übrigens einen seiner Lieblingswitze über Humor?«

Hannah schüttelte den Kopf. Sie hatte sich mehr mit Freuds Meinung über Hysterie beschäftigt. Ziemlich frauenfeindlich hatte sie das gefunden. Obwohl er irgendwann dann doch zugegeben hatte, dass Hysterie nicht nur eine Frauenkrankheit sei.

»Alex sagte: »Ein Spitzbube wird am Montagmorgen zur Hinrichtung geführt, und was meinst du, was er sagt?«

Er sah Hannah an.

Sie zuckte die Schultern.

»Er sagt: ›Nun, die Woche fängt gut an‹!«

Hannah lachte.

»Gut«, sagte Alex anerkennend, als vergebe er Punkte in Sachen Humor.

»Weißt du«, fuhr er ernster werdend fort, »Galgenhumor kann in schwierigen Situationen zum Schutzmechanismus werden. Er entschärft die Probleme, obwohl sich diese objektiv gesehen nicht verändern.«

»Du solltest Professor werden!«

»Nicht schlecht«, sagte Alex, »Aber dann einer, der viele junge Studentinnen unterrichten darf.«

Hannah lachte.

»Gut.« Alex nickte wieder. »Dann noch einen Witz von unserem zweiten Zuhause, dem Krankenhaus: ›Chin yu yan‹, flüstert der Kranke mit schwacher Stimme seinem Besuch zu. Der Besucher will gerne helfen, aber er spricht kein Chinesisch. ›Chin yu yan‹, wiederholt der Kranke. Kurz darauf ist er tot. Der Besucher geht zu dem chinesischen Stationsarzt. ›Mein Freund ist gestorben. Er wollte mir noch etwas mitteilen. Was bedeutet: Chin yu yan?‹ Darauf sagt der Arzt: ›Geh von meinem Sauerstoffschlauch runter!‹«

Hannah musste schon wieder lachen.

4. Kapitel

In der zweiten Pause fuhren sie, ohne dass sie sich verabredet hatten, wieder zur Eingangstür. Im Vorbeifahren nahm Alex eine von den Rosen aus einer Vase, die im Flur stand, mit und gab sie Hannah, als sie ihre Rollstühle draußen vor der Tür gesichert hatten. »Riech mal! Die duftet noch wirklich wie eine Rose. Frau Mutmann züchtet sie in ihrem Garten.«

Hannah errötete und schnupperte an der Rose. Sie verströmte einen herrlichen Duft.

»Woher weißt du, dass Frau Mutmann sie in ihrem Garten züchtet?«

»Sie lädt uns sonnabends manchmal zu sich ein. Immer die Jugendlichen, denen es gerade nicht so gut geht. Neben dem wunderschönen Rosengarten gibt es bei ihr auch immer leckeren Quarkkuchen!«

»Und dir ging es schon mal schlecht? Ich meine, so schlecht, dass du ihre besondere Therapie mit Rosen und selbst gebackenem Kuchen gebraucht hast?«

»Kann man so sagen«, sagte Alex knapp.

Hannah merkte, dass er nicht weiter darüber reden wollte. Sie dachte an seine Mini-Lektion über Humor. »Kennst du den?«, fragte sie. »Den von der Diät?«

Alex schüttelte den Kopf.

»›Meine Frau macht eine dreiwöchige Diät‹, sagt ein Mann zu seinem Freund. ›Und, wie viel hat sie schon verloren?‹ ›Zwei Wochen‹, sagt der Freund.«

»Nicht schlecht«, gab Alex zu und lächelte.

Die Rektorin kam durch die Tür und nickte ihnen freundlich zu.

»Bist du schon dabei, dich ein wenig einzugewöhnen? Das freut mich! Alex weiß wie kein anderer, was es heißt, plötzlich nicht mehr auf eigenen Beinen stehen zu können.«

Jetzt errötete Alex.

»Was für eine Frau!«, lenkte Hannah schnell ab. »Man könnte meinen, sie war mal ein Kerl.«

»Sie ist ein ganz toller Mensch«, sagte Alex. »Du beurteilst Menschen nach ihrem Äußeren. Kennst du ihre Geschichte?«

»Nein«, sagte Hannah und wusste eigentlich nicht, ob sie noch eine Geschichte hören wollte.

Aber Alex konnte gut erzählen. Und er sah wirklich gut aus. Solange man sich auf sein Gesicht und seinen Oberkörper konzentrierte. Ja, er hat recht, dachte sie beschämt, ich beurteile Menschen nach ihrem Äußeren.

Alex nahm ihr Schweigen als Zustimmung und begann: »Sie war in der DDR ein großes Schwimmtalent. Um richtig ausgebildet zu werden, ging sie auf eine der Kaderschulen für Sportler. Dort wurden schon die Kinder gedopt, bekamen Testosteron und anderes Zeug, um ihre Leistungen zu steigern.«

»Testosteron ist doch ein männliches Sexualhormon?«

»Ja«, sagte Alex. »Und wenn man es kleinen Mädchen gibt, findet eine Vermännlichung statt. Die Stimme, die Muskulatur und die Gesichtszüge bekommen einen ausgesprochen maskulinen Touch.«

»Krass«, sagte Hannah und sah Frau Heibel hinterher, die mit weit ausholenden Schritten zum Parkplatz ging. Okay, sie sah aus wie ein Mann, aber sie konnte laufen. War das nicht das Wichtigste überhaupt? Aber würde sie mit ihr tauschen wollen? Sie hatte schon mal gedacht, lieber ein Narbengesicht zu haben, aber dafür gesunde Arme und Beine. Aber war das wirklich so?

Sie fragte sich, was all die Medikamente, die sie nehmen musste, in ihrem Körper anrichteten. Eins macht schnell abhängig, hörte sie Doktor Stratmann wieder sagen.

Es wäre kein Problem, alle Nebenwirkungen und Risiken ihrer Medikamente im Internet zu suchen. Aber was brachte ihr das? Sie musste sie doch nehmen, um nicht wieder einen Anfall zu bekommen und um einigermaßen schmerzfrei zu sein. Wenn Professor Krumm sie untersucht hatte, würde alles anders werden.

Am nächsten Tag konnte Hannah während des Unterrichts aufrecht zur Tafel gehen und eine komplizierte chemische Formel anschreiben. Sie hatte schon am Morgen gemerkt, dass sie sicherer auf den Beinen war, aber anders als am Vortag nahm sie den Rollstuhl ohne Protest mit zur Schule. In der Pause konnte sie dann so wie gestern wieder mit Alex quatschen. Vielleicht würde sie auch seine Geschichte hören?

Sie hatte sich extra schick angezogen und trug ihre enge Jeans und ein Shirt mit einem tiefen Ausschnitt.

Ihre Mutter sah sie erstaunt an.

Hannah schnitt ein Brötchen auf, stützte dabei ihre rechte Hand am Tisch ab.

»Ich habe echt keinen Bock, mir die nächsten Wochen unnötigen Stress zu machen. Thomas meint auch, wenn ich bei Professor Krumm gewesen bin, werden wir weitersehen. Es macht den anderen in der Schule vielleicht Mut. Es gibt so viele neue Behandlungsmethoden.«

Sie dachte an Alex. Warum trug er keine Prothesen? Im Internet hatte sie gelesen, dass es eine Prothesenunverträglichkeit gab. Aber gab es da nicht inzwischen etwas Neues? Oder hatte Alex andere Probleme? Wie lange saß er schon im Rollstuhl? Hannah biss in ihr Brötchen. Ihr Kiefer schmerzte. Sie musste unbedingt herausfinden, was seine Geschichte war.

»Mein großes Mädchen«, sagte Vater. »Ich bin wirklich stolz auf dich!«

Ihre Mutter sagte: »Ich bin froh, dass es dir wieder schmeckt.«

Es war nicht einfach, das Brötchen zu kauen. Sie hatte das Gefühl, dass ihr Kiefer bei jeder Bewegung quietschte wie eine ungeölte Tür, aber anscheinend hörte nur sie das Geräusch. Vater trank den frischen Orangensaft, den Mutter ausgepresst hatte.

»Ich fühl mich schon viel besser«, behauptete er.

Mutter kontrollierte seine Temperatur.

»38,5 ist noch viel zu viel«, sagte sie. »Spiel bloß nicht den Helden.«

Vater zwinkerte Hannah zu.

»Wir sind doch keine Weicheier«, sagte er. »Schau dir unsere Tochter an. Ein richtiges Stehaufmännchen!«

»Mädchen, bitte«, sagte Hannah, »ich bestehe drauf, ein Stehaufmädchen!«

»Das ist nicht zu übersehen«, sagte Mutter mit einem Blick auf ihr tief ausgeschnittenes Shirt.

Hannah zog eine Grimasse. »Werd bloß nicht komisch! Ich bin schließlich kein kleines Kind mehr!«

Alex war nicht da. Als Frau Mutmann sah, dass Hannah sich suchend umsah, sagte sie: »Alex ist heute beim Arzt. Er kommt wieder.«

Hätte er mir ja auch sagen können, dachte Hannah und schob ihren Rollstuhl neben Dilara. Das fünfzehnjährige Mädchen kam ursprünglich aus der Türkei und erinnerte Hannah an die russischen Puppen, die Matroschkas. Dilara war fast ganz in Tücher eingewickelt und hörte auf einmal auf, als wäre da ein glatter, hölzerner Boden. Aber es war kein Boden, es waren zwei Beinstümpfe.

»Du siehst toll aus«, sagte Dilara in der Pause. »Ich würde meine Haare auch gerne offen tragen, aber meine Mutter will es nicht. Dabei ist mein Vater wieder zurück in die Türkei. Es war ihm zu schwierig mit mir und meiner Krankheit.«

Was soll ich darauf sagen, dachte Hannah. Wie würde sie es wohl finden, wenn ihr Vater sie alleinließ, weil es zu schwierig war. Zu schwierig mit einer kranken Tochter. Sie konnte es sich nicht vorstellen.

»Seid ihr denn noch Moslems? Ich meine, wegen deiner verhüllten Haare?«

»Wahrscheinlich ja«, sagte Dilara. »Wir gehen aber nie in die Moschee. Und ich bete auch nicht mit meiner Mutter.«

Hannah fühlte sich hilflos. »Soll ich dir dein Haar bürsten?«, fragte sie.

Dilara sah sie an, als hätte sie nicht richtig gehört.

»Meinst du, dass ich das darf?«

»Ja«, sagte Hannah, »ich meine, dass du das darfst.« Wäre ja noch schöner, wenn ein so krankes Mädchen nicht einmal ihre Haare offen tragen dürfte. Vorsichtig wickelte sie das weiße Tuch von Dilaras Haaren. Eine Flut von dunklen Locken ergoss sich über ihre schmalen Schultern.

»Wow!«, rief Philipp von der Tür aus.

Dilara lächelte ihm verlegen zu. »Er hat hübsche Augen, findest du nicht auch?«, flüsterte sie in Hannahs Ohr.

Hannah sah zu Philipp. Ja, Dilara hatte recht – Philipp hatte tiefgrüne Augen mit langen Wimpern.

Mit kräftigen Bewegungen bürstete Hannah Dilaras Haare. Sie merkte, dass ihr rechter Arm schnell ermüdete, und wechselte die Bürste in die linke Hand. Zum Schluss befestigte sie die Locken mit zwei ihrer Spangen.

»Du siehst sehr schön aus«, sagte sie.

Dilara strahlte.

In der zweiten Pause sagte Dilara: »Ich habe rheumatische Arthritis. Weißt du, was das ist?«

»Nein«, sagte Hannah.

»Das ist eine chronische Entzündung der Gelenke. Ich habe sie in der schlimmsten Form«, sagte Dilara ohne jede Emotion. »Gerade die Gelenke entzünden sich immer wieder, und bei mir mussten sie zum Teil schon entfernt werden.«

Hannah starrte sie entsetzt an.

Dilara verzog ihr Gesicht zu einem schiefen Lächeln. »Entschuldige, ich wollte dich nicht schockieren. Aber verstehst du jetzt, warum ich so gerne meine Haare offen tragen möchte? Bei ihnen kann sich nichts entzünden.«

»Entschuldige, ich muss mal auf die Toilette«, sagte Hannah, sackte zurück auf ihren Rollstuhl und fuhr zur Toilette. Sie erreichte gerade noch die Toilettenschüssel, bevor sie sich übergeben musste.

»Hier, trink das«, sagte eine Stimme hinter ihr. Frau Mutmann war ihr gefolgt. »Das ist nicht so einfach, nicht wahr.«

Das war keine Frage, sondern eine Feststellung.

»Es ist so schrecklich«, schluchzte Hannah. »Die arme Dilara. Das ist doch entsetzlich.«

»Ja«, sagte Frau Mutmann, »das ist entsetzlich!« Sie strich Hannah die Haare aus dem Gesicht. »Aber Dilara ist trotz allem ein fröhliches Mädchen. Komm, trink das«, wiederholte sie und reichte ihr ein Glas Wasser. Hannah hatte das Gefühl, als könnte sie keinen Schluck herunterbekommen. Ihre Kehle war wie zugeschnürt.

»Ganz kleine Schlucke, so ist gut, und tief durchatmen, ja, du machst das prima!«

Erschöpft legte Hannah ihren Kopf gegen Frau Mutmann und schloss die Augen.

»Wie hält sie das aus?«, fragte sie flüsternd. »Sie weiß, dass es keine Heilung für sie gibt.«

»Ich weiß es nicht«, sagte Frau Mutmann nach einigen Sekunden. »Ich weiß es wirklich nicht.«

Nachmittags kam Kyra zu Besuch. Hannah lag auf ihrem Bett und starrte zu den Sternen hoch. Wie viel Hoffnung hatte Dilara? Frau Mutmann hatte gesagt, dass Dilara ein fröhliches Mädchen war. Sie war auf jeden Fall ein Mädchen, das auch bei dem epileptischen Philipp die schönen Augen gesehen hatte. Sie selbst hatte sich nur angeekelt von ihm abgewandt.

Wie oberflächlich war sie eigentlich? Seitdem sie vor gut einem Jahr die Schmerzen im rechten Arm und Bein bekommen hatte, war sie immer nur mit sich selbst beschäftigt gewesen. Erst jetzt wurde ihr richtig bewusst, dass es noch viele andere Kinder und Jugendliche gab, die von einem Tag auf den anderen durch eine Krankheit oder durch einen Unfall völlig aus der Bahn geworfen worden waren. Die, wie Dilara, eigentlich keine Hoffnung hatten, dass sie geheilt werden konnten. Und dann hatte sich auch noch ihr Vater abgesetzt.

»Hey, Hannah, Kontakt! Du guckst, als wärst du auf dem Mond. Ich komme von Thomas. Er lässt dich schön grüßen.

Die Aktion *Helft Hannah!* ist ein durchschlagender Erfolg. Die Spenden fließen weiter.«

»Schön«, sagte Hannah.

»Was ist denn mit dir los? Hast du schlechte Laune? Oder ist es zu krass auf der Schule?«

»Ja, zu krass«, sagte Hannah mit flacher Stimme und erzählte ihrer Freundin von Dilara.

»Hör auf, mir wird schlecht!« Kyra sah sie schockiert an. »Du musst dich da nicht so hineinknien. Das ist bestimmt nicht gut für deine Psyche.«

Was für ein Blabla!

Hannah setzte sich auf und sah Kyra an.

»Ich bin aber nun mal auf der Schule. Psyche hin oder her. Ich kann mich nicht völlig abgrenzen. Das ist eine Klassenkameradin. Sie ist genauso alt wie wir.«

»Du hast ja recht«, meinte Kyra kleinlaut.

Hannah erzählte von Frau Mutmann. »Die ist wirklich in Ordnung. Sie nimmt sich besonders der Kinder an, denen es gerade sehr schlecht geht. So wie mir heute. Und sie macht das bei allen, hat Alex erzählt.«

»Alex?«, fragte Kyra und beugte sich vor. »Wer ist Alex?« Sie hoffte inständig, dass ihr Gespräch jetzt so werden würde wie früher, leicht, unbeschwert, über Jungen zum Beispiel. Da konnte man kichern oder ein kribbelndes Gefühl im Bauch bekommen.

Tatsächlich begannen Hannahs Augen verdächtig zu glitzern. »Er ist furchtbar süß«, vertraute sie ihrer Freundin an. »Und er hat was im Kopf.«

»Also hast du dich für ihn so schick angezogen?« Sie zeigte auf Hannahs Shirt.

»Ja«, Hannah seufzte. »Leider war das vergebliche Liebesmühe. Er war heute gar nicht da.«

Kyra setzte sich wieder ganz gerade hin. Hatte sie es doch geahnt. War doch klar, dass es auch bei Alex einen Haken gab. Wenn er gesund wäre, würde er nicht auf Hannahs neue Schule gehen.

Sie sah Hannah fragend an.

»Ich muss ihn fragen«, sagte Hannah nachdenklich.

»Was musst du ihn fragen?« Kyra wollte eigentlich gar nichts mehr wissen, aber die Frage war heraus, bevor sie sie zurückhalten konnte.

»Warum er keine Prothesen trägt! Ich meine, es gibt doch heute ausgezeichnete Prothesen. Dann müsste er nicht im Rollstuhl sitzen.«

»Ich hatte schon mal Prothesen«, sagte Alex am nächsten Tag zu Hannah. Sie waren in der Pause wieder vor die Eingangstür der Schule gefahren und hatten schon eine Zeit lang schweigend die vorbeihastenden Menschen beobachtet.

»Jeder scheint es eilig zu haben«, Hannah schüttelte nachdenklich den Kopf. »Ich glaube, keiner denkt daran, dass von einer Sekunde zur anderen alles anders werden kann.«

»Hast du früher daran gedacht?«

»Nein«, gab Hannah zu. »Aber das liegt auch daran, dass ich noch nie etwas mit Behinderten zu tun hatte. Ich habe sie einfach nicht gesehen.«

»Nicht sehen wollen«, verbesserte Alex sie. »Wenn du jetzt mit dem Rollstuhl durch die Straßen fährst, siehst du, wie viele es von uns gibt.«

Er hatte *von uns* gesagt, und obwohl sie den Rollstuhl hasste, machte sein Satz sie doch irgendwie glücklich. *Uns* war ein gemeinsamer Nenner.

Aber er musste doch nicht in einem Rollstuhl sitzen. Sie hatte ihren Mut zusammengenommen und ihn gefragt.

Darauf hatte er gesagt: »Ich hatte schon mal Prothesen.«

Sie sah ihn abwartend an. Sie fühlte, dass sie ihn nicht drängen durfte.

Er atmete tief durch und strich sich mit der rechten Hand durch die dichten Haare.

»Ich habe eine Prothesenunverträglichkeit. Ich habe schon drei verschiedene Materialien ausprobiert. Na ja, nicht ich, sondern mein Orthopäde an mir.«

Dann lag ich ja gar nicht so verkehrt, dachte Hannah. Aber sie schwieg und sah ihn nur aufmerksam an.

»Gestern war ich bei meinem Arzt. Aber es war wieder nichts. Bevor die Prothesen angefertigt werden, bastelt er aus dem Material, aus dem die Prothesen gefertigt werden sollen, Scheiben, die dann für zwei Wochen an meinen Oberschenkeln befestigt werden. Auch diesmal hatte ich wieder Ausschlag, außerdem tut es weh und schränkt mich nur noch mehr ein.«

Hannah schwieg noch immer, sah ihn weiter aufmerksam an. Da war noch etwas, das fühlte sie.

»Jetzt meinte mein Arzt, dass er nach Rücksprache mit

anderen Kollegen doch glaubt, dass das eine psychosomatische Reaktion ist.« Er lächelte. Es war kein frohes Lächeln.

»Jetzt soll ich wieder zu einem Seelenklempner. Als wenn ich nicht schon bei einem Psychologen gewesen wäre.«

»Was solltest du bei einem Psychologen?«

Alex zuckte mit den Schultern. Er sah über die hastenden Menschen hinweg, als stünde dort seine Vergangenheit geschrieben. »Ich war Fußballer. Auf dem Weg zum Training schnitt mich ein Autofahrer. Ich bin vom Rad gestürzt. Unglücklicherweise gerade vor einen Bus. Der hat meine Unterschenkel total zermalmt.«

Hannah legte ihre Hand auf Alex' Arm. Sie sah, dass seine Hände seine Rollstuhllehnen fest umklammerten. Seine Knöchel traten weiß hervor.

»Da war nichts mehr zu machen«, fuhr er fort. »Amputation beider Unterschenkel, einschließlich der Knie.«

Sie schwiegen gemeinsam. Hannah fühlte, dass sich Alex' Arme entspannten.

»Auf jeden Fall scheint es so zu sein, dass ich meine Behinderung noch nicht akzeptiert habe. Und dass ich mich im Rollstuhl sicherer fühle als auf meinen eigenen Beinen.«

»Und«, fragte Hannah nachdem sie den Kloß in ihrem Hals hinuntergeschluckt hatte, »was meinst *du*?«

Für den Sonnabend hatte Frau Mutmann Hannah, Dilara, Alex und Philipp zum Kaffeetrinken eingeladen.

»Willst du da wirklich hin?«, hatte Kyra gefragt. »Du bist doch schon genug mit den Behinderten zusammen.«

Hannah hatte genickt. »Ja, das ist wahr. Aber ich fühle mich da gesünder als hier zu Hause.«

»Wir könnten doch mit der Straßenbahn in die Innenstadt fahren«, schlug Kyra vor. »Es gibt gerade ziemlich viele Schnäppchen in den Boutiquen! Ich soll Emilie anrufen, die kommt dann auch mit.«

»Nein, danke!«, sagte Hannah und dachte daran, dass sie gestern mit ihrer Mutter noch kurz in die Innenstadt gefahren war. Es war ihr erster Ausflug mit dem Rollstuhl in die Stadt gewesen. »Du musst dich überwinden«, hatte Alex sie ermuntert. »Die Vorurteile uns gegenüber können nur wir selber abbauen. Und zwar, indem wir uns so normal wie möglich benehmen.«

Es war schon ein Problem gewesen, überhaupt in die kleinen Läden hineinzukommen. Fast überall fehlte eine Rollstuhlauffahrt. Und es fiel Hannah das erste Mal auf, wie klein die Boutiquen waren. Und ausgerechnet in ihrem früheren Lieblingsladen hatte die Verkäuferin über sie hinweg Mutter angesehen und gefragt: »Womit kann ich Ihnen helfen? Möchten Sie etwas für Ihre Tochter haben?«

»Hallo«, hatte Hannah gesagt. »Ich bin hier! Ich sitze zwar im Rollstuhl, aber ich bin durchaus ansprechbar.«

Die Verkäuferin hatte sie erstaunt angesehen. Von Verlegenheit keine Spur.

»Und was möchten Sie?«, hatte sie gefragt und Hannah kritisch gemustert.

»Jetzt nichts mehr«, hatte Hannah gesagt. Und ihre Mutter

hatte sie gebeten: »Komm, lass uns an die frische Luft gehen!«

»Da ist noch so viel Aufklärungsbedarf«, sagte Hannah jetzt zu Kyra. »Manche glauben, nur weil man im Rollstuhl sitzt, ist man nicht ganz richtig im Kopf.«

»Manche sehen ja auch …«, Kyra suchte nach den richtigen Worten, »na ja, irgendwie gewöhnungsbedürftig aus.«

Hannah nickte.

»Natürlich, aber man kann es doch zumindest versuchen. Ich meine, mit dem Ansprechen. Wenn man dann keine verständliche Antwort bekommt, ist es immer noch möglich, sich an die Begleitperson zu wenden.«

Sie dachte an Philipp. Da hatte sie sich auch angeekelt abgewandt. Dabei war Philipp ein netter Kerl und ganz schön helle.

Alex meinte letztens: »Philipp hat ganz schön was im Kopf! Wie viele große Denker!«

»Ihr sprecht von mir?«, fragte Philipp und fuhr seinen Rollstuhl neben den von Hannah. »Ihr redet über große Denker?« Er sprach jetzt viel deutlicher.

»Ja«, sagte Alex, »ich erzähle Hannah gerade, dass du dich in berühmter Gesellschaft befindest, mit deiner Krankheit, meine ich. Alexander der Große, Sokrates, Dostojewski und der Erfinder des Dynamits, Alfred Nobel, hatten alle Epilepsie.«

»Zu viel der Ehre«, spöttelte Philipp, um mit einem Witz abzulenken. »Kennt ihr den über die zwei Epileptiker, die sich treffen? Nein? Sagt der eine Epileptiker zum anderen: ›Gratuliere. Ich hörte, du hast den ersten Preis im Breakdance in der Disco gewonnen?‹ ›Stimmt‹, sagt der andere, ›aber eigentlich wollte ich mir nur eine Cola holen!‹«

Grinsend fuhr Philipp weiter und winkte ihnen mit einer Hand zu.

»Humor ist, wenn man trotzdem lacht«, sagte Alex.

»Humor ist, wenn man trotzdem lacht«, sagte Hannah jetzt auch zu Kyra. »Und so einen Witz darf meiner Meinung auch nur ein Epileptiker erzählen. Sonst wirkt er diskriminierend. Persönlich kann ich noch nicht gut mit meiner Behinderung umgehen. Ich hätte zum Beispiel in der Boutique der Verkäuferin die Chance geben müssen, mich normal zu beraten. Stattdessen habe ich aufgegeben und bin gegangen. Und warum? Weil sie mich kritisch gemustert hat.«

»Du klingst, als würdest du davon ausgehen, dass du den Rollstuhl auch in Zukunft brauchst.« Kyra hockte sich neben Hannah und sah sie eindringlich an. »Du darfst die Hoffnung nicht aufgeben! Das Geld für die Behandlung bei Professor Krumm haben wir dank der Zeitungsaktion zusammen. Jetzt ist es nur eine Frage der Zeit, wann der Professor dir einen Behandlungstermin gibt.«

Hannah nickte.

»Natürlich! Ich glaube ja auch, dass er mir helfen kann.« Sie streckte ihre Beine aus, sodass Kyra sie ansehen musste. Sie waren dünn geworden.

»Aber glaubst du wirklich, dass mir meine Beine wieder

so gehorchen werden wie früher? So wie bei dir? Du richtest dich auf, streckst dich, machst einen Schritt zur Seite und setzt dich. Hast du darüber nachgedacht? Ich meine, über deine Bewegungen?«

»Nein«, sagte Kyra und wurde rot.

»Und jetzt wirst du rot. Dabei versuche ich doch nur zu analysieren, wie groß der Unterschied in den Bewegungsabläufen ist. Zwischen dir und mir. Du denkst gar nicht darüber nach, dein Gehirn gibt die Befehle an deine Beine, und deine Beine gehorchen. Genauso deine Arme. Sie waren für einige Augenblicke in einer unbequemen Haltung, und du streckst dich. Und alles ist wieder in Ordnung.«

»Ja«, sagte Kyra, »du hast recht. Aber du kannst das doch wieder lernen? Es ist ja nicht so, als wenn du schon ewig im Rollstuhl sitzt. Und du wirst behandelt. Deine Physiotherapeutin sorgt dafür, dass deine Beine kräftig bleiben!«

»Ja«, sagte Hannah, »Betty tut, was sie kann.«

Doktor Stratmann hatte ihr für dreimal in der Woche eine physiotherapeutische Behandlung verschrieben, damit ihre Muskeln nicht zu schwach wurden.

Hannah erzählte Kyra nicht, dass Betty Ahrends auf ihre Frage, ob sie glaube, dass ihre Beine wieder ganz normal funktionieren könnten, sie eine Zeit lang schweigend angesehen und dann gesagt hatte: »Ich weiß nicht, Hannah, wie viel Ehrlichkeit du verkraften kannst. Außerdem vergisst du deinen rechten Arm. Er soll doch auch wieder normal funktionieren.«

»Ja, natürlich, der auch!«, hatte Hannah gesagt. »Darum will ich doch in die Berliner Charité. Professor Krumm ist doch der Spezialist für Bewegungsstörungen.«

»Das ist er ganz bestimmt«, hatte die sympathische junge Frau mit dem blonden Wuschelkopf gesagt, »und er wird sehen, was machbar ist.« Dabei war sie zum Waschbecken gegangen, um ihre Hände zu waschen. Im Spiegel hatte sie Augenkontakt mit Hannah gesucht. »Ich finde es ganz toll, dass du nicht aufgibst und alle Übungen machst, die ich dir beigebracht habe. Das hilft dir, stabil zu bleiben – soweit es geht.«

Sie hat mir keine richtige Antwort gegeben, dachte Hannah wieder. Sie hat nicht gesagt, dass es wieder so wird, wie es war. Auch nicht nach der Behandlung bei Professor Krumm.

»Ich tue, was ich kann«, sagte Hannah mit aufgesetztem Optimismus zu Kyra. »Ich will wieder laufen können. Aber bis dahin will ich mich in meiner neuen Klasse nicht ausgrenzen. Und deshalb nehme ich auch Frau Mutmanns Einladung zum Kaffeetrinken an.«

Sie verschwieg ihrer besten Freundin, dass Alex der Hauptgrund war, weshalb sie sich auf den Besuch bei Frau Mutmann freute. Sie konnte ihrer Freundin das Gefühl, das sie für Alex hatte, nicht erklären. »Er ist süß«, hatte sie gesagt. Und das fand Hannah immer noch. Aber irgendwie war da noch mehr. Doch das konnte sie nicht in Worte fassen.

5. Kapitel

Ihre Mutter fuhr Hannah zu Frau Mutmann. Sie stellte den Rollstuhl an die Beifahrertür, Hannah zog sich an der Autotür hoch und schwang sich in den Stuhl. Ihr rechter Arm zuckte ein paarmal unwillig, und Hannah hielt ihn mit dem linken Arm fest. Langsam beruhigte er sich wieder.

Frau Mutmann hatte sie vom Küchenfenster aus gesehen, kam nach draußen und begrüßte Hannah und ihre Mutter.

»Wenn Hannah müde wird, rufe ich Sie an. Ist das in Ordnung?«

»Ja«, sagte Mutter. »Ich hoffe nur, dass es für Sie nicht zu anstrengend wird. Hannah hat erzählt, dass noch drei Klassenkameradinnen kommen.«

»Ja«, bestätigte Frau Mutmann ganz souverän, auch wenn das so nicht ganz stimmte. »Diese Nachmittage machen immer so viel Spaß. Und unser Haus ist behindertengerecht. Mit der Anstrengung hält sich das also in Grenzen.« Sie lächelte.

Hannah sah, dass ihre Mutter am liebsten gefragt hätte, wieso das Haus der Lehrerin behindertengerecht war, aber sie sagte nur: »Na, dann einen schönen Nachmittag und bis später.«

Hannah rollte über eine kleine Rampe direkt in den Flur des Einfamilienhauses.

»Ich bin die Erste«, sagte sie und hielt ihre Nase in die Luft. Der Quarkkuchen stand auf der Küchenanrichte und verbreitete einen Duft von warmer Vanille.

»Ja«, sagte Frau Mutmann und wies auf eine Schüssel mit Zwetschgen. »Ich will heute noch einen Zwetschgenkuchen backen. Der Hefeteig ist schon auf dem Blech. Hilfst du mir beim Entkernen?«

»Gerne«, sagte Hannah und passte auf, wie Frau Mutmann die Zwetschge in die Hand nahm und mit einem scharfen Küchenmesser das Fruchtfleisch einschnitt, aufklappte und den Kern herauslöste.

Nach einigen Versuchen gelang es ihr auch.

»Wenn du das hier fertig machst«, sagte ihre Lehrerin, »dann decke ich im Garten schon mal den Tisch. Das Wetter ist so schön, da können wir draußen sitzen.«

Als Alex, Philipp und Dilara kamen, hatte Hannah die letzte Zwetschge gerade auf den Teig gelegt und besah stolz ihr Werk.

Alex' Vater hatte Dilara und Philipp in seinem umgebauten VW-Bus von zu Hause abgeholt. Früher hatte er seinen Sohn damit zum Fußballtraining gefahren, jetzt fuhr er ihn überall dorthin, wo sein Sohn hinwollte. Er machte sich immer noch Vorwürfe, dass er an dem Tag, als Alex den Unfall hatte, am Telefon zu ihm gesagt hatte: »Ich habe noch eine Besprechung. Kannst du heute mit dem Fahrrad zum Fußballtraining fahren?« Auch zwei Jahre nach dem Unfall konnte er sich das noch nicht verzeihen.

Jetzt blieb er unschlüssig in der Haustür stehen. Frau Mutmann schob ihn sanft, aber energisch hinaus. »Wir machen uns einen schönen Nachmittag, Herr Römer. Tun Sie das doch auch mit Ihrer Frau.«

Alex sah seinen Vater an.

»Mutter hat gestern gesagt, dass sie gerne mal wieder zur Dichterlesung ins Neue Rathaus gehen möchte. Die beginnt heute um fünfzehn Uhr im Gartencafé. Ich habe Karten für euch vorbestellt. Die liegen an der Kasse!«

Sein Vater sah ihn fragend an.

»Guck mich nicht so an«, brummte Alex. »Du tust manchmal so, als hättest du auch keine Beine mehr. Ich meine, wenn es darum geht, mal etwas mit Mama alleine zu unternehmen!«

Frau Mutmann begleitete Alex' Vater zu seinem Bus und redete auf ihn ein. Er nickte ein paarmal und fuhr dann weg.

»Du musst nicht so streng mit ihm sein«, sagte sie zu Alex. »Er meint es nur gut.«

»Das ist ja das Problem!«

»Kann der Zwetschgenkuchen in den Ofen?«, fragte Hannah. »Der ist jetzt vorgeheizt!«

Während der Kuchen im Ofen war, kochte Frau Mutmann Kaffee und Tee.

»Wenn der Teig am Rand leicht braun wird, ist der Kuchen fertig.«

Frau Mutmann hatte sogar noch Sahne geschlagen.

Den dampfenden Kuchen schnitt sie in Stücke und ordnete sie auf einer Kuchenplatte an.

»Und jetzt raus in den Garten!«

Über der gemütlichen Sitzecke im Garten breitete ein Trompetenbaum seine Äste aus. Die orangenen Blüten verströmtem einen süßlichen Duft, der die Bienen anlockte. Sie krabbelten in die Blumenkelche und sammelten Nektar.

Frau Mutmann schnitt für Dilara den Zwetschgenkuchen in kleine Stücke, sodass sie ihn mit einer Gabel in den Mund stecken konnte.

»Mmh, schmeckt der gut!« Dilara leckte sich Sahne von der Oberlippe.

Ihre Haare hatte sie mit einer breiten Silberspange im Nacken befestigt.

»Meine Mutter hat nichts gesagt. Wegen der Haare, meine ich. Sie hat mich angesehen und mir eine Strähne aus dem Gesicht gestrichen. Später hat sie mir die Spange gegeben. Sie meinte, das wäre vielleicht praktischer. Kein Wort, dass ich gegen irgendwelche Koranregeln verstoßen würde oder so etwas.«

»Steht ja auch nirgends im Koran«, sagte Philipp und wischte sich ein wenig ungeschickt den Mund ab. »Da steht nur drin, dass Frauen ihre Schätze verhüllen sollen.«

Als Hannah ihn verblüfft ansah, zuckte er mit den Schultern. »Wir haben eine türkische Putzfrau. Die hat mir mal eine deutsche Koranübersetzung geliehen. Ich fand es sehr spannend. Das mal zu lesen, worüber alle immer nur reden.«

Er ist wirklich schlau, dachte Hannah.

Dilara sah auf ihre Beine. »Ich habe schon genug verhüllt!«

Frau Mutmann strich ihr über die geschwollene Hand. »Esst doch auch noch was von dem Quarkkuchen!«

Das ließ Hannah sich nicht zweimal sagen. Ausnahmsweise hatte sie heute richtig Hunger und nahm sich ein großes Stück.

»Zitrone«, sagte sie dann. »Ich schmecke neben der Vanille auch ein wenig Zitrone!«

»Bist wohl eine Feinschmeckerin«, neckte Alex sie.

»Und du nicht, was?«

Sie wies auf sein zweites Stück Zwetschgenkuchen. Den Quarkkuchen hatte er vorher schon probiert.

»Der ist ja auch mit Liebe gemacht«, sagte Alex und grinste. »Die Zwetschgen liegen so schön in Reih und Glied.«

»Vorsicht, Alex, eine Wespe hat sich auf deinem Kuchen niedergelassen.«

Alex schnitt vorsichtig das kleine Stück, auf dem die Wespe saß, ab.

»Das ist mal was anderes als normaler Nektar«, sagte Hannah und sah dem Tierchen gebannt zu, das sich durch nichts stören ließ. Eine zweite Wespe landete auf Alex' Teller.

»Ich glaube, ich stelle den Teller mal etwas weiter weg«, sagte Frau Mutmann, »sonst haben wir hier gleich eine ganze Invasion.«

Sie räumte den Tisch ab.

»Und, worauf habt ihr jetzt Lust? Ein Spaziergang oder lieber ein Spiel? Oder einfach Musik hören?«

»Was für ein Spiel?«

»Was schlagt ihr vor?«

»Ich würde gerne Musik hören«, sagte Hannah zu ihrem eigenen Erstaunen. »Früher habe ich gerne gesungen!«

Früher – als sie noch dachte, die Welt stünde ihr offen und wenn sie nur wollte, konnte sie alles werden.

»Du kannst singen?«

»Ich weiß nicht, ob ich es kann. Ich hab nur gesagt, dass ich es gerne getan habe.«

»Was singst du denn?«

»Pop, Rock, aber auch alte Sachen. Judy Garland finde ich zum Beispiel ganz toll.«

»Nur ihre Musik?«, fragte Philipp. »Oder magst du sie auch als Mensch?«

Philipp konnte Hannah fast nicht mehr überraschen. Er schien sich auf jedem Gebiet auszukennen.

»Wieso als Mensch?«, wollte Alex wissen. »Ich kenn sie nur als Dorothee im *Zauberer von Oz.*«

»Da hat sie mein Lieblingslied gesungen«, sagte Hannah. *»Somewhere over the rainbow.«*

»Wovon redet ihr?«, fragte Dilara. »Ich habe noch nie was von ihr gehört. Ich find *Unheilig* und *Hurts* toll!«

»Dann wird es ja vielleicht Zeit«, sagte Frau Mutmann. »Ich meine, wenn du noch nichts von Judy Garland gehört hast. Ich habe eine CD mit ihren bekanntesten Songs. Ich suche sie mal!« Sie ging ins Haus.

»Wieso als Mensch?«, wiederholte Alex seine Frage. »Was war sie denn für ein Mensch? Und wann weiß man wirklich, was jemand für ein Mensch ist?«

»Vielleicht, wenn er im Rollstuhl sitzt«, versuchte Hannah zu scherzen, aber Alex, Dilara und Philipp sahen sie nur kritisch an.

Das war danebengegangen. Auch im Rollstuhl war jeder anders. Schlechte Eigenschaften konnten sich verstärken, gute Eigenschaften konnten durch die täglichen Probleme an Gewicht verlieren. Vielleicht konnte man auch über sich selbst hinauswachsen und ein besonderer Mensch werden. Aber was genau ist ein besonderer Mensch? Nein, auf diese Tiefenpsychologie hatte sie keinen Bock. Sie wollte ganz einfach wieder laufen können und das Thema Rollstuhl abhaken. Aber das konnte sie schlecht hier in diesem Kreis sagen. Sie hatte zumindest noch Hoffnung, dass alles wieder so werden würde, wie es mal war. Die richtige Behandlung, und sie würde aufstehen und gehen.

»Nun zieh doch deine Stirn nicht in Falten«, scherzte Alex. »Kann mir einer von euch beiden vielleicht etwas über Judy Garland erzählen?«

»Ziemlich kaputter Typ, aber sie war ein richtiger Star damals«, fasste Philipp mit einem Blick auf Hannah die Biografie der Künstlerin zusammen. »Sie war ein paarmal verheiratet und wurde wegen ihrer Alkohol- und Drogenprobleme beim Film gefeuert. Später trat sie immer öfter als Sängerin auf. Ihre Tochter hat mal gesagt: Meine Mutter lebte acht Leben in einem.«

»Klingt interessant«, sagte Dilara. »Mir würde schon ein normales Leben reichen.«

Keiner antwortete ihr. Was sollte man darauf auch sagen?

»Und wie alt ist Judy Garland geworden? Woran starb sie?«

»An einer Überdosis Tabletten«, sagte Hannah und fragte sich, wie das wohl war, wenn man eine Tablette nach der anderen schluckte, weil man so viel Schmerzen hatte oder weil man ganz einfach schlafen wollte. Schlafen und nicht mehr aufwachen. Sie erinnerte sich, wie ihr Vater sie in die Notaufnahme getragen hatte. Sie hätte alle Tabletten geschluckt, die man ihr gegeben hätte, um keine Schmerzen mehr zu haben.

»Angeblich ein Versehen«, sagte Philipp.

»Und du kannst *Somewhere over the rainbow* singen?«

»Ich bin nicht Judy Garland!«, wehrte Hannah ab. »Aber ich habe es mal in meiner früheren Schule bei einem Musical-Abend gesungen.«

Das schien vor einer Ewigkeit gewesen zu sein. Sie war zwölf damals. Auf der Weihnachtsfeier hatte jede Klasse einen Song aus einem Musical gesungen. Im Chor, als Duett oder auch jemand alleine. Ihre damalige Lehrerin hatte Hannah so weit bekommen, dass sie alleine *Somewhere over the rainbow* sang. Das war ihr nicht leichtgefallen. Es war ein großer Erfolg gewesen.

Komisch eigentlich, dachte Hannah, dass ich danach nicht mehr gemacht habe, mehr gesungen, mehr Auftritte und so. Aber irgendwie war es auf einmal nicht mehr cool gewesen, solche Lieder zu singen. Und ihre Unbeschwertheit war auch verschwunden. Vielleicht gerade wegen des Erfolgs.

Frau Mutmann kam mit einem CD-Player zurück.

»Ich habe die CD gefunden. Ich kann sie auch ohne Gesang abspielen, dann könnte Hannah mal versuchen zu singen.«

»Oh nein!«, sagte Hannah.

»Oh ja!«, riefen Alex, Dilara und Philipp.

»Bitte!« Alex sah sie an. In seinen Augen las sie, dass es ihm viel bedeuten würde. Warum nur?

Sie nahm einen Schluck Wasser und räusperte sich. Frau Mutmann stellte die Musik an. Und da kam auch der Text in Hannah wieder hoch, als hätte sie das Lied erst gestern gesungen.

Sie sah nicht, dass Alex sein Handy als Aufnahmegerät benutzte und auf den Tisch zwischen die Tassen und die Blumenvase stellte.

Somewhere over the rainbow
Way up high
There's a land that I heard of
Once in a lullaby.
Somewhere over the rainbow
Skies are blue
And the dreams that you dare to dream
Really do come true.
Someday I'll wish upon the star

And wake up where the clouds are far
Behind me.
Where troubles melt like lemon drops
Away above the chimney tops
That's where you'll find me.
Somewhere over the rainbow
Bluebirds fly
Birds fly over the rainbow
Why then, oh why can't I?
If happy little bluebirds fly
Beyond the rainbow
Why, oh why can't I?

Als das Lied zu Ende war, war es bestimmt eine Minute lang still. Hannah sah zu Boden.

Dilara wischte sich die Tränen aus den Augen.

»Das war das Schönste, was ich je gehört habe.«

»K-k-klasse, c-c-oool«, stotterte Philipp.

»Was für ein Lied«, sagte Alex leise und räusperte sich. »Und die Sängerin erst.«

Von Hannah unbemerkt, steckte er sein Handy ein.

Auch Frau Mutmann hatte feuchte Augen.

»Das nehmen wir in der Schule mal auf. Mit der richtigen technischen Ausrüstung klingt das sicher grandios!«

Hannah wehrte ab. »Bloß nicht! Dann wird noch mehr Trubel um meine Person gemacht! Die arme Hannah im Rollstuhl, die auch noch meint, singen zu können.«

»Du *kannst* singen!«, sagte Frau Mutmann.

»Wieso kannst du den Text noch so gut?«, fragte Alex.

Sie erzählte von ihrem Auftritt auf der Weihnachtsfeier vor über zwei Jahren.

»Damals habe ich den Text so lange geübt, dass ich ihn sogar im Schlaf konnte. Und als ich jetzt die Musik hörte, war er gleich wieder da.« Sie schwieg einen Moment und fügte dann hinzu: »Ich hätte nie gedacht, dass dieses Lied für mich noch eine tiefere Bedeutung haben könnte. Ich meine die *Bluebirds*. Warum können sie fliegen und ich nicht. Ich meine natürlich, laufen. Ich will ja nicht gleich das Unmögliche!«

»Aber du hast auch von den Träumen gesungen, von den Träumen, die Wirklichkeit werden.«

Träume und Hoffnungen, dachte Hannah. Dilara hoffte auf eine neue Medizin. Philipp auch. Und Alex? Er hoffte bestimmt, dass man eines Tages Prothesen bauen könnte, auf die er nicht allergisch reagiert.

Und sie selbst? Sie wollte gleich das ganze Paket! Sie wollte wieder so sein wie früher. Wie zu der Zeit, als sie während der Weihnachtsfeier Judy Garlands Lied gesungen hatte. Back to normal! War das zu viel? Aber sollte sie sich mit weniger begnügen?

Nein, die Hoffnung stirbt zuletzt. Auch so ein Spruch, dachte Hannah, und doch so wahr.

Frau Mutmann hatte den CD-Player wieder angestellt, und sie lauschten schweigend den anderen Songs.

»Sie hat tatsächlich eine tolle Stimme«, sagte Alex.

Die anderen nickten schweigend.

»Ich finde, es ist Zeit für ein wenig Bewegung«, sagte Frau Mutmann. »Hier um die Ecke gibt es eine tolle Eisdiele. Das Eis ist klasse dort! Also, auf geht's!«

Hannahs nächster Anfall kam ohne jede Vorwarnung. Abends hatte sie noch mit ihrem Vater eine Partie Halma gespielt. Ihre Mutter hatte im Fernsehen einen Film geschaut. Früher hätte Hannah sich einfach in ihr Zimmer verzogen, aber jetzt fand sie es schön, etwas zu tun. Und die kleinen Figuren mit zwei Fingern anzufassen und weiterzusetzen, kostete sie mit der rechten Hand eine gewisse Anstrengung. Ihre Koordination war nicht so gut.

»Du musst üben«, hatte Thomas nachmittags zu ihr gesagt. »Ich glaube, es ist wichtig, dass deine Muskeln immer wieder stimuliert werden.«

Wenn Thomas so etwas sagte, bedeutete das für Hannah sehr viel. Er tat viel für sie, da konnte sie es ihm zumindest danken, indem sie ihr Bestes gab.

Sie träumte davon, mit Thomas auszugehen, aufrecht und sexy auf zwei Beinen. Was waren schon ein paar Jahre Altersunterschied? Sie wurde ganz von alleine älter. Und in ein paar Jahren war diese Zeit im Rollstuhl vielleicht nur noch ein böser Traum. Aber sie würde nie vergessen, dass sie durch Thomas' Initiative wieder neuen Mut bekommen hatte. Und irgendwann war es dann egal, dass Thomas etwas älter war. Dann würde er auch nicht mehr die *arme* Hannah in ihr sehen, sondern vielleicht sogar eine hübsche junge Frau.

War sie eigentlich noch hübsch? Nachdenklich studierte sie im Badezimmerspiegel ihr Gesicht. Dunkle Augen, lange Wimpern, ein schmales Gesicht, eine gerade Nase, ein etwas zu großer Mund. Ihre langen dunklen Haare fasste sie meistens im Nacken mit einer Spange aus Silber und eingelegten Türkisen zusammen. Mutter hatte ihr erzählt, dass diese Spange ihrer Oma gehört hatte.

Aber vielleicht war sie nicht sein Typ?

»Hast du eine Freundin?«, hatte sie Thomas heute Mittag beiläufig gefragt.

»Für eine Freundin habe ich gar keine Zeit«, sagte er. »Wer will schon einen Freund, der von seiner Arbeit besessen ist und nicht einmal zu Weihnachten freihat? Außerdem habe ich wirklich viel zu tun!«

Er verschweigt mir etwas, dachte Hannah, und sie dachte auch, dass sie gerne seine Freundin wäre.

»Ich!«, hätte sie deswegen am liebsten gesagt, aber sie fühlte, dass es dafür zu früh war. Außerdem war sie ihm im Rollstuhl keine gleichwertige Partnerin. Nein, sie musste noch Geduld haben.

Es passierte im Badezimmer. Sie hatte sich am Waschbecken hochgezogen, um die Zähne zu putzen. Sie hatte ein wenig Kopfschmerzen und dachte gerade noch, dass die wohl von dem wechselhaften Wetter kamen, als ein flammender Blitz ihren Kopf in zwei Hälften zu spalten schien. Sie versuchte noch, sich festzuhalten, aber ihre Arme hatten keine Kraft mehr, und sie sackte in sich zusammen wie eine Gummipuppe. Sie wurde nicht bewusstlos, aber die Schmerzen waren furchtbar. Tausend Blitze zuckten durch ihren rechten Arm und durch ihr Bein, ihr Hals verengte sich, und sie konnte nicht mehr um Hilfe rufen.

Luft, ich brauche Luft!

Ihr Kopf schien zu platzen. Sie fühlte, dass ihre Blase sich entleerte und ihr der Speichel aus dem Mund lief.

Sie hatte keine Ahnung, wie lange sie so dagelegen hatte. Minuten, Stunden? Endlich ging die Tür auf.

Wie durch Watte hörte sie Mutter entsetzt aufschreien.

Nach dem letzten Anfall hatte sie ihren Eltern versprechen müssen, dass sie nie wieder eine Tür hinter sich abschloss.

»Da können wichtige Minuten verloren gehen«, hatte ihr Vater gesagt. »Wir müssen dir jederzeit helfen können.«

Wie lange hatte sie in Todesangst auf dem Boden des Badezimmers gelegen? Verzweifelt probierte sie, Luft zu holen. Sie krümmte sich zusammen, machte sich so klein wie möglich, um den Blitzen zu entkommen. Sie wollte um Hilfe rufen, aber sie hatte nicht genug Luft, als dass sie mehr als ein Röcheln hervorbrachte.

»Hannah, Mädchen, oh Gott, wir müssen einen Krankenwagen anrufen!«

Ihre Mutter tröpfelte ihr Diazepam auf die Zunge. Ein Mittel für den Notfall, hatte Doktor Stratmann gesagt, damit sich Hannahs Luftröhre entkrampfte. Es schmeckte bitter. Die Wirkung trat fast augenblicklich ein. Aber noch immer schnappte sie nach Luft wie ein Fisch auf dem Trockenen.

Die Sanitäter, die sehr schnell zur Stelle waren, setzten ihr dann auch sofort eine Sauerstoffmaske auf und spritzten ihr ein noch stärkeres, krampflösendes Mittel. Auch etwas gegen die Schmerzen war in dem Tropf, an den sie angeschlossen wurde. Als Hannah mit Sirenengeheul zum Krankenhaus gebracht wurde, war sie von den Medikamenten benebelt und nahm alles nur noch verschwommen wahr. Die zuckenden Blitze waren fort und hatten einem dumpfen Schmerz Platz gemacht.

Vor der Notaufnahme des Krankenhauses kamen gleich mehrere Ärzte und Schwestern zum Notfallwagen gerannt, und Hannah wurde in ein Behandlungszimmer gefahren. Sie fühlte, dass ihre Mutter ihre Hand festhielt, und einmal glaubte sie, Doktor Stratmann zu erkennen. Aber das grelle Licht über ihr blendete sie. Sie schloss die Augen und drehte den Kopf zur Seite.

»Gebt mir was gegen die Schmerzen«, wollte sie sagen, aber es war nicht mehr als ein Flüstern. Doktor Stratmann verstand sie offenbar auch so, und langsam sackte sie in eine schmerzlose, wohltuende Dunkelheit.

Als Hannah wieder zu sich kam, drehte sie ihren Kopf zum Licht. Ihre Mutter saß in einem Stuhl neben ihrem Bett und ihr Vater in einem neben dem Tisch in der Ecke. Sie schliefen beide.

Draußen wurde es gerade hell.

Hannah versuchte, ihre Hand zu einer Faust zu schließen, und es gelang ihr. Auch ihr rechtes Bein fühlte sie, als sie ihre

Zehen bewegte. Links schien auch alles in Ordnung zu sein. Sie konnte ihr Bein und die Zehen bewegen.

Ihre Mutter schrak hoch. Die kleinen Bewegungen von Hannah hatten genügt, um sie aufzuwecken. Sie beugte sich vor, nahm ihre Hand.

»Wie geht es dir, mein Mäuschen?« Sie sah grau aus und hatte tiefe Ringe unter den Augen.

»Gut«, krächzte sie.

Jetzt wachte auch ihr Vater auf und kam zum Bett.

»Wie geht es dir?« Ein wenig unbeholfen nahm er ihre andere Hand und streichelte sie. Sie versuchte, ihn möglichst zuversichtlich anzulächeln, aber jeder Muskel in ihrem Gesicht schmerzte. Sie erinnerte sich vage, dass sie dreiundvierzig Muskeln in Bewegung setzen musste, um zu lächeln. Es wurde nur die Andeutung eines Lächelns.

Ich kann aber noch denken. Wenn ich nicht denken könnte, wüsste ich das mit den dreiundvierzig Muskeln nicht. Sie erinnerte sich auch, dass ein Drittel ihrer Körpermasse aus Muskeln bestand und es über vierhundert waren.

Ich fühle sie alle, dachte Hannah. Alle vierhundert schienen zu schmerzen. Als hätte sie die Nacht in einem Boxring verbracht und verschiedenen Gegnern als Punchingball zur Verfügung gestanden.

Ihre Mutter hatte warmes Wasser und einen Waschlappen geholt. Sie wusch ihr das Gesicht. Es fühlte sich an wie ein Streicheln.

Vater fuhr sich durch die Haare und drückte dann auf den

Klingelknopf, der neben Hannahs Bett an einer weißen Schnur hing.

Kurz darauf kam Doktor Stratmann mit einer Schwester.

Er lächelte ihr beruhigend zu.

»Das ist erst einmal überstanden, Hannah. Du hast uns allen einen großen Schrecken eingejagt!«

Sollte das ein Vorwurf sein? Hatte jemand von ihnen auch nur ansatzweise eine Vorstellung davon, wie unerträglich ihre Schmerzen waren? Und was das für ein Gefühl war, wenn man kaum noch Luft bekam?

Doktor Stratmann schien ihre Gedanken lesen zu können. Er schob ihren Vater zum Kopfende des Bettes und setzte sich auf einen Stuhl. »Ich glaube, ich habe mich nicht richtig ausgedrückt. Ich meinte, wir waren alle in großer Sorge um dich! Und als Erstes habe ich heute Morgen ein Gespräch mit Professor Krumm geführt.«

»Sie haben ihn erreichen können?«

»Ja, endlich! Er ist seit zwei Tagen zurück aus Amerika. Und er sagt, du sollst möglichst schnell kommen, Hannah!«

Ich verstehe das bestimmt falsch, dachte Hannah. Nach der langen Zeit des Wartens, nach der erfolgreichen Aktion von Thomas Seifert in der Zeitung, nach dem Film auf *YouTube*, war es jetzt endlich so weit?

»Hast du mich verstanden? Professor Krumm hat sich deine Unterlagen angesehen, und er möchte, dass du kommst! Er will deine Behandlung übernehmen!«

»Endlich!« Mutter legte ihr Gesicht auf Hannahs Hand, und Hannah spürte, dass sie weinte.

Hannah fühlte sich wie erstarrt. Sie wollte sich nicht freuen. Sie hatte Angst vor einer Enttäuschung.

Doktor Stratmann verstand ihre Reaktion. Die letzte Nacht war zu schlimm gewesen.

»Wir werden dich jetzt hier erst einmal wieder ein wenig aufpäppeln. Du sollst einigermaßen schmerzfrei sein. Ich denke da so an zwei bis drei Tage. Dann kannst du mit deinen Eltern nach Berlin fahren.«

Mittags, als die Medikamente die Schmerzen verdrängt hatten, rief sie Thomas an.

Sie erzählte ihm von dem letzten Anfall und von der Zusage des Professors aus Berlin. »Das ist ja großartig«, rief Thomas durchs Telefon.

Hannah schwieg. Ja, es war wahrscheinlich großartig, aber es war auch schrecklich. Sie hätte in der Nacht alles dafür gegeben, um ihren Schmerzen entfliehen zu können. Auch ihr Leben.

»Ich muss hier noch einiges regeln, Hannah. Dann komme ich auch nach Berlin.«

Hannah war nach zwei Tagen gut auf die Schmerzmittel eingestellt, und es ging ihr besser.

Kyra und Emilie besuchten sie. »Endlich«, sagten sie, als sie die Neuigkeit hörten. »Jetzt wird alles wieder gut!«

Als sie Hannahs skeptisches Gesicht sahen, fasste Kyra sie bei den Schultern.

»Du darfst die Hoffnung nicht verlieren, Hannah. Du weißt doch, think positiv!«

Hannah nickte brav. Ja, natürlich. Auch wenn du vor ein paar Tagen beinahe gestorben wärst.

Als Hannah zur Toilette gehen wollte, knickte ihr Bein plötzlich unter ihr weg.

Doktor Stratmann beruhigte sie.

»Das wird schon wieder. Wir fangen gleich mit der Physiotherapie an.«

Eine Schwester setzte sie wie ein kleines Kind auf die Toilette.

Ihr Bein gehorchte ihr kaum, und auch Berührungen schmerzten. Die Armmuskeln waren anscheinend weniger verkrampft gewesen. Aber Hannah biss die Zähne zusammen. Sie wollte wieder normal laufen können.

Für die Fahrt nach Berlin bekam sie noch eine Extratablette. Hannah fragte nicht, was es war. Doktor Stratmann würde schon wissen, was er ihr gab.

Hannah verschlief fast die ganze Autofahrt.

Als ihre Mutter ihr über den Kopf strich und sie weckte, hatte ihr Vater gerade das Auto auf dem Parkplatz der Berliner Charité geparkt.

Das Krankenhaus war riesig. Wie ein eigenes Dorf.

Es gab keine zentrale Rezeption. Sie fuhren in die Neurologie von Professor Krumm. Dort war dann die Rezeption für seine Abteilung.

Die Schwester in dem weißen Kittel lächelte Hannah und ihre Eltern freundlich an.

»Hannah? Schön, dass du da bist.« Sie wandte sich an ihre

Eltern. »Hatten Sie eine gute Fahrt? Ich soll Professor Krumm gleich benachrichtigen, wenn Sie eingetroffen sind. So lange nehmen Sie bitte dort Platz.«

An der Wand über den sonnengelben Stühlen hing ein Flachbildschirm, auf dem Zeichentrickfilme zu sehen waren.

Hannah war kein Fan von diesen Filmen. Aber als sie jetzt zusah, wie Tom oder Jerry bei ihren Verfolgungsjagden die größten Abenteuer überlebten, oft platt wie eine Flunder nach einem Sturz vom Dach waren oder nach einem Zusammenstoß mit einem Traktor sich nur zu schütteln brauchten und alles war wieder in Ordnung, wünschte sie sich, dass dies im echten Leben auch so wäre. Ihr Bein war seit ihrem letzten Anfall so geschwächt, dass es gar keine Frage mehr war, ob sie den Rollstuhl wollte oder nicht.

Ein großer, dunkelhaariger Mann mit einer kugelrunden Nickelbrille kam in den Wartebereich. Er hielt eine Mappe in seiner linken Hand und schaute Hannah forschend an.

»Du bist also Hannah? Ich habe schon viel von dir gehört.«

Er gab ihr die Hand und begrüßte dann Hannahs Eltern.

In seinem Behandlungszimmer machte Professor Krumm die üblichen neurologischen Untersuchungen, prüfte ihre Reflexe und diktierte seinen Befund in ein kleines Aufnahmegerät.

Dann lehnte er sich zurück.

»Die nächsten Tage werden nicht so angenehm, Hannah. Du wirst eine neurologische Untersuchung nach der anderen über dich ergehen lassen müssen. Wir werden deine Gehirnströme messen, und wir werden Fotos von deinem Gehirn machen.«

»Kenn ich schon«, sagte Hannah. »Da kommt mein Kopf in eine Röhre. Und ich muss ganz ruhig liegen. In Hannover haben sie dabei nichts gefunden.«

Professor Krumm nickte. »Ich weiß, aber wir machen uns immer gern unser eigenes Bild!«

Er sagte nicht, dass es eine Kunst war, die Aufnahmen richtig zu lesen. Außerdem hatten sie in der Charité die neuesten und besten Geräte.

Er wandte sich an Hannahs Eltern.

»Sie können in unserem Gästehaus wohnen und Hannah bei den Untersuchungen begleiten.«

Er rückte seine Nickelbrille zurecht.

»Bleiben Sie beide hier?«

»Ich muss morgen zurück«, sagte Herr Heimann. »Ich kann mir leider nicht länger freinehmen!«

Professor Krumm nickte.

»Es ist für Hannah gut, wenn ein Elternteil da ist.« Er wandte sich wieder direkt an Hannah: »Du kannst jederzeit die Computer in unserem Internetcafé benutzen. Hier auf der Station müssen die Handys, Laptops und so aber ausgeschaltet bleiben.«

Hannah nickte. Sie hatte erst gar keinen Laptop mitgenommen.

Die Untersuchungen waren tatsächlich kein Vergnügen, aber Hannah ließ alles über sich ergehen. Jetzt, jetzt endlich kam man dem Übel auf die Spur, und dann würde alles wieder gut werden.

Für die Aufnahmen ihres Gehirns kam Hannah in eine große Röhre. Damit ihr die Zeit nicht allzu lang wurde, konnte sie dort Musik hören. Sie fragte, ob sie *Somewhere over the rainbow* hätten, und der Röntgenologe nickte.

»Ein ungewöhnlicher Musikwunsch«, sagte er.

Hannah zuckte nur mit den Schultern. Sie wollte dem Arzt nicht sagen, dass es für sie ein Text voller Hoffnung war.

Mutter fuhr ihren Rollstuhl in den Röntgenraum. Beim ersten Mal war ihr ganz mulmig geworden, als sie die großen Röhren gesehen hatte. Wie Raumschiffkapseln. Doktor Stratmann hatte sie damals gefragt: »Was ist für dich eine besonders schöne Erinnerung?«

Hannah hatte eine Zeit lang nachdenken müssen, und dann wusste sie es. Sie war mit ihren Eltern und Kyra einmal in den Niederlanden am Strand von Scheveningen gewesen. Es war ein warmer Frühlingstag, sie hatten ihre Schuhe und Strümpfe ausgezogen und waren mit bloßen Füßen über den Sand gelaufen. Ab und zu leckte eine Wasserzunge über ihre Zehen, und sie waren lachend über das Wasser gesprungen. »Der Strand von Scheveningen«, sagte sie, »alles war so warm und leicht.«

Doktor Stratmann hatte nicht nachgefragt, sondern nur gesagt: »Dann denk daran, an deine Gefühle, an die Wärme und die Leichtigkeit!«

Jetzt wollte sie daran denken, dass Professor Krumm ihr helfen würde, wieder auf beiden Beinen zu stehen. Der Rollstuhl würde bald nur noch eine Erinnerung sein. Und dann würde sie auch wieder den Sand zwischen ihren Zehen fühlen können.

Thomas kam und machte einige Aufnahmen von Hannah, ihrem Krankenzimmer und führte ein kurzes Interview mit Professor Krumm.

»Es sind noch nicht alle Untersuchungen ausgewertet«, wiegelte der berühmte Neurologe die neugierigen Fragen von Thomas ab. »Wir werden sehen, was wir für Hannah tun können.«

Nach ein paar Tagen waren alle Untersuchungen abgeschlossen und ausgewertet.

»Es wäre gut, wenn Ihr Mann bei der Besprechung morgen auch anwesend sein könnte«, sagte der Arzt zu Hannahs Mutter.

Vater kam am nächsten Morgen nach Berlin.

Hannah fühlte die Spannung und konnte ihre Aufregung nur schlecht verbergen.

Thomas Seifert durfte bei dem Gespräch nicht anwesend sein. »Das ist eine reine Familienangelegenheit«, bekam er vom Stationsarzt Doktor Rehbein zu hören.

Um elf Uhr kamen Professor Krumm und die Oberschwester zu Hannah ins Zimmer. Vater und Mutter saßen neben ihrem Bett. Die Schwester holte noch zwei Stühle, damit der Arzt und sie sich setzen konnten.

»Wie geht es dir?«, fragte Professor Krumm.

Hannah versuchte zu lächeln, zuckte dann mit den Schultern.

»Ganz schön stressig«, sagte sie.

»Das glaube ich«, sagte der Arzt. »Erst einmal die guten Nachrichten. Du bist, abgesehen von deiner Krankheit, ein gesundes junges Mädchen. Alle Blutwerte sind gut, der Blutdruck ist in Ordnung, du hast keine sonstigen Krankheiten.«

Das, was ich habe, ist ja wohl auch genug, dachte Hannah.

Der Arzt fuhr fort: »Gut ist auch, dass du noch so jung bist. Und gut ist, dass du noch nicht zu lange krank bist.«

Lange genug, dachte Hannah.

Sie hörte ihre Mutter seufzen, und Professor Krumm nickte.

»Jetzt zu deiner Krankheit. Wir haben festgestellt, dass du eine *Generalisierte Dystonie* hast.«

Was ist denn das?, dachte Hannah, aber sie sagte nichts.

»Dystonie?«, fragte Vater.

»Eine Dystonie ist eine Bewegungsstörung. Bei einem Anfall äußert sich die Krankheit in starken Krämpfen.«

Er wandte sich wieder zu Hannah und zog aus seinen Unterlagen eine farbige Abbildung des Gehirns.

Sieht ja eklig aus, dachte Hannah, aber sie schwieg weiter, konzentrierte sich ganz darauf, was sie sah, und begriff nichts.

Der erfahrene Arzt sah ihren Gesichtsausdruck und schob das Foto wieder zurück in seine Mappe.

»Ich will versuchen, es dir zu erklären. Das Gehirn ist die

Schaltzentrale des menschlichen Körpers. Es steuert alle Körperfunktionen. Es verarbeitet und speichert, was wir lernen und erlebt haben.«

Seltsamerweise musste Hannah plötzlich wieder an den Strand in Scheveningen denken. Da hatte sie gespürt, wie weicher, nasser Sand sich an ihren Füßen angefühlt hatte, wie er zwischen ihren Zehen hervorgequollen war, wie angenehm kühl das Wasser auf ihrer Haut war.

»Hannah?«

Sie zuckte zusammen.

»Ja, ich dachte nur gerade an etwas. Etwas, das ich mal erlebt habe.« Ihre Eltern schauten sie fragend an, aber sie sah nur den Professor an.

Er fuhr fort. »In deinem Gehirn treten Störungen auf. Stell dir das vor wie einen Kurzschluss.«

Wenn es bei ihnen zu Hause mal ein Kurzschluss gab, konnte es plötzlich dunkel werden. Ihre Mutter drückte dann im Sicherungskasten einen bestimmten Knopf, und der Strom war wieder da. »Früher war das umständlicher«, hatte Vater Hannah mal erklärt, »da musste man eine neue Sicherung einschrauben.«

Musste in ihrem Gehirn eine neue Sicherung eingesetzt werden? Sie hatte schließlich keinen Knopf zum Drücken in ihrer Schaltzentrale.

Sie fragte den Arzt.

Der schaute ein wenig verblüfft und musste dann lächeln.

»Da hast du eigentlich genau den Nagel auf den Kopf getroffen«, sagte er.

Von seiner anschließenden Erklärung verstand Hannah nicht alles. Er schaute auch immer öfter ihre Eltern an.

»Ein Hirnschrittmacher ist ein Implantat, das, richtig abgestimmt, bestimmte Regionen des Gehirns stimuliert. Dadurch werden die Bewegungsabläufe verbessert. Elektroden am Körper lassen jederzeit eine Feinabstimmung zu.«

»Medikamente, die Hannah helfen können, gibt es nicht?«

»Nicht bei einer so starken Generalisierten Dystonie«, sagte der Professor und stand auf. Er gab ihrem Vater eine Broschüre. »Hier können Sie lesen, was Sie wissen sollten. Ohne das Implantat werden sich die Anfälle wiederholen, und Hannahs Muskulatur wird mehr und mehr und vor allem dauerhaft verkrampfen.«

Hannah sah den Arzt groß an. Ihre Augen brannten. Ihre Zunge fühlte sich pelzig an.

»Wir werden alles tun, was in unserer Macht steht. Aber so eine Entscheidung trifft man nicht innerhalb einer Stunde! Es wird eine schwierige Operation, das musst du wissen. Besonders deshalb, weil du bei Bewusstsein bleiben musst.«

Ja, wollte Hannah rufen, ja! Operieren Sie mich, drücken Sie auf den Knopf meiner Schaltzentrale. Ich will keine Krämpfe mehr bekommen, ich will nicht mehr das Gefühl haben, ersticken zu müssen. Operieren Sie mich, auf der Stelle, jetzt, sofort!

Später kam Thomas zu Hannahs Eltern. Sie erzählten ihm von dem Gespräch, und er machte sich Notizen.

»Und was willst du, Hannah?«, fragte er.

»Ich habe anscheinend keine andere Wahl«, sagte Hannah mit flacher Stimme. »Wenn er mich nicht operiert, werde ich immer mehr verkrampfen und immer bewegungsunfähiger. Vielleicht werde ich auch bei einem dieser Anfälle ersticken.«

»Hannah!«, sagte ihre Mutter. »Das hat der Professor nicht gesagt.«

Hannah sah nur zu Thomas. »Nein, natürlich hat er das nicht gesagt. Schließlich soll ich nicht in Panik geraten. Aber ich weiß doch, wie ich mich das letzte Mal gefühlt habe. Ich dachte bei jedem Atemzug, das ist der letzte.«

Thomas nickte.

»Kann ich unseren Lesern also mitteilen, dass du eine Generalisierte Dystonie hast und ein Hirnschrittmacher deine letzte Rettung ist?«

Das klingt furchtbar dramatisch, dachte Hannah. Ist das wirklich die Wahrheit? Und wollte sie diese Wahrheit so veröffentlicht haben?

»Um die Kosten brauchst du dir keine Gedanken zu machen«, sagte Thomas. »Es ist genug Geld zusammengekommen, um so eine teure Operation und die Nachbehandlung zu bezahlen.«

Hannah nickte und sah zum Fenster hinaus. Alles war grau in grau. Nirgendwo war ein Regenbogen zu sehen. Wo blieb ihre Hoffnung? Professor Krumm hatte mit keinem Wort erwähnt, dass sie nach der Operation wieder laufen könnte. Warum hatte sie ihn nicht gefragt? Wie würde ihr Leben nach der Operation aussehen?

Die Generalisierte Dystonie hatte sie sehr beeindruckt. Was für ein Name für eine Krankheit. Noch mehr geängstigt hatte sie die Tatsache, dass in ihrem Kopf hin und wieder ein Kurzschluss auftrat und sie dadurch jegliche Kontrolle verlor, vielleicht sogar ersticken konnte.

Sie wollte nicht sterben.

Sie wollte, dass alles wieder so war wie vor den Störungen in ihrem Gehirn.

Aber sie ahnte auch, dass es nie wieder so werden würde. Sie versuchte, das zu verdrängen.

6. Kapitel

Hannah *wollte* die Operation. Und sie traf letzten Endes auch die Entscheidung.

»Ich werde in einem Monat fünfzehn Jahre«, hatte sie zu ihren Eltern gesagt. »Es ist mein Körper und mein Leben. Was habe ich zu verlieren? Medikamente helfen auf Dauer nicht. Das hat Professor Krumm ja ganz deutlich gesagt.«

Sie verschwieg, dass sie sich im Internet über ihre Krankheit informiert hatte und ihr beinahe schlecht geworden war.

Es war eine schreckliche Krankheit. So wollte sie nicht leben. Nie!

Sie holte tief Luft und fuhr fort: »Durch die Operation habe ich vielleicht die Möglichkeit, mein Leben wieder selbst zu gestalten.«

Sie schluckte. Niemand konnte ihr sagen, wie groß ihre Chancen waren. Weltweit gab es ungefähr fünftausend Menschen mit einem Hirnschrittmacher. Das waren nicht viele, aber für Hannah genug. Wie das klang: ihr Leben wieder zu gestalten – als wäre ihr Leben ein Marionettentheater, das man nach Belieben steuern konnte.

Sie hatte von den Risiken einer Entzündung gelesen und von den Risiken bei der Operation. Nur der erste Teil der

Operation wurde unter Vollnarkose durchgeführt. Danach wurde sie nur örtlich betäubt, damit sie dem Operateur jederzeit antworten konnte. Das war eine beängstigende Vorstellung: wach sein zu müssen, während jemand in ihrem Kopf herumwerkelte, um ihrer Schaltzentrale die richtigen Impulse mit einer Elektrode zu geben. Sie hatte gelesen, dass zwischen dem Hirnschrittmacher im Kopf, der ersten Elektrode und der zweiten, unter der Haut an ihrem Körper, Strom erzeugt wurde. Diese Stromstöße stimulierten den Teil ihres Gehirns, der für die Motorik zuständig war, und gaben die richtigen Impulse.

Hannah überzeugte ihre Eltern, und sie unterzeichneten die Papiere, die für die Operation nötig waren.

Sie dachte an das letzte große Ereignis vor ihrer Abreise nach Berlin. Sie hatte alles an Schmerzmitteln von Doktor Stratmann bekommen, was möglich war, und sie fühlte sich richtig high. Als hätte sie Drogen genommen, aber ihre Drogen waren legal.

Hannah hatte zusammen mit Thomas Seifert eine Einladung zu der Talkshow von Markus Rauch bekommen. Diese Talkshow lief zwar nur in den Regionalprogrammen, hatte aber gute Einschaltquoten. »Ich will dahin«, hatte sie gesagt. »Das bin ich doch auch all den Spendern schuldig.«

Sie verschwieg, dass sie es ziemlich toll fand, im Fernsehen aufzutreten. Jetzt noch im Rollstuhl, aber irgendwann nach der Operation auf ihren eigenen zwei Beinen, Hand in Hand mit Thomas.

Eine Visagistin machte ihr Make-up, eine Friseuse kämmte ihr Haar. »Was siehst du hübsch aus. Du könntest als Model arbeiten«, sagte sie.

Hannah lächelte geschmeichelt. Die Idee hatte sie ja auch schon gehabt. Aber erst musste sie wieder laufen können.

Ihre Eltern saßen im Publikum.

Markus Rauch stellte sie dem Publikum vor, und Hannah bekam einen nicht enden wollenden Beifall.

Der Moderator fragte sie, wie sie sich fühle.

»Sehr gut. Ich danke allen, die meine Operation möglich gemacht haben.«

Wieder Beifall.

Dann wandte der Moderator sich an Thomas Seifert, und der erzählte, wie tapfer Hannah gewesen war und dass auch er allen dankte, die Geld gespendet hatten.

»Wir sehen uns wieder«, versprach Markus Rauch am Ende der Sendung. »Nach der Operation! Alles Gute, Hannah!« Das Publikum applaudierte.

Der Tag der Operation brach an. Am Abend vorher hatte Professor Krumm persönlich mit Schwester Bettina auf ihrem Kopf die Haare abrasiert, die ihm am nächsten Tag im Wege sein würden.

Vater und Mutter begleiteten sie, als das Bett zur Operation gefahren wurde. Sie hielten Hannahs Hände. Die Tür des Operationssaales ging auf, und sie mussten draußen bleiben. Hannah sah, dass ihre Mutter weinte.

Unter einer Vollnarkose wurde Hannahs Schädel in einen Ring gelegt. Mit Schrauben wurde er möglichst eng am Schädel festgemacht. Danach kam sie in die CT-Röhre. Der Schädel beziehungsweise das Gehirn wurde auf dem Hintergrund des aufgeschraubten Ringes abgebildet. Der Operationspunkt wurde deutlich und konnte markiert werden.

Hannah wurde wach und gleich darauf samt Bett in den zweiten OP-Raum transportiert. Sie durfte selbst vom Bett zum Operationstisch gehen. Ich kann gehen, dachte sie, ich kann noch einige Schritte gehen. Eine Schwester stützte sie.

Meine letzten Schritte?, dachte sie. Nein, die letzten, bevor ich wieder immer öfter gehen kann. Die Hoffnung nicht aufgeben, Hannah.

Sie wurde festgeschnallt. Ihre Füße lagen höher als der Rest ihres Körpers. Sie sah nach oben. An der Decke war ein Gerät montiert. Wahrscheinlich eine Videokamera, dachte sie.

Wie Hannah vorher gesagt worden war, wurde ihre Kopfhaut betäubt. Viermal spürte sie, wie die Nadel in ihren Kopf hineinfuhr, als ob sie dabei jedes Mal den Schädelknochen berührte. Danach kam der Ruf des Operateurs nach den Instrumenten: »Kleines Messer, Haken, Drill trocken!«

Was ist ein *Drill trocken*? Hannah fühlte, dass sie eine Gänsehaut bekam. Sie fühlte sich wie Frankensteins Monster. Ruhig bleiben, Hannah, ganz ruhig bleiben, du willst doch leben, du willst doch dein Leben *gestalten*!

Der Bohrer wurde angesetzt. Sie spürte nichts mehr, aber dafür hörte sie umso mehr.

Das Bohrgeräusch!

Es übertönte alle anderen Wahrnehmungen.

Und dazu kam das Wissen: jetzt geht es hinein in mein Innerstes, in den Kern meines Lebens. Jetzt geht es dorthin, wo ich weine und lache, wo ich mich bewege, wo ich nach Zärtlichkeit verlange und wo ich mich verlassen fühle.

Dreimal setzte der Bohrer an, oh Gott, wie dick ist meine Schädeldecke?, dann war er durch.

Professor Krumm, den sie nur an der Stimme erkannte, fragte: »Ist alles in Ordnung, Hannah?« Sie wollte nicken, aber das ging nicht. Ihr Schädel saß fest in diesem Ring, also flüsterte sie »Ja« und dachte: Das ist hirnrissig, im wahrsten Sinne des Wortes, er bohrt in meinem Schädel und fragt, ob alles in Ordnung ist.

Das Bohrloch wurde erweitert.

»Alles in Ordnung«, sagte Professor Krumm. Aber das Geräusch der abbrechenden Knochensplitter drang lautstark in ihr Bewusstsein. »Alles in Ordnung!«

Dann war der Weg frei für die Elektrode. Hannah fühlte keinen Schmerz, obwohl es doch durch ihr Innerstes ging. Sie spürte die Spannung um sich herum. Wenn bei der Operation etwas schiefgehen konnte, dann jetzt. Niemand hatte es ihr gesagt, aber sie wusste es.

Das Licht über ihr wurde zu einer gleißenden Helligkeit. Die Helligkeit ließ nach, als der Operateur rief: »Zielpunkt erreicht!«

Zur Kontrolle wurde das Röntgengerät über Hannah gerollt. Ja, Zielpunkt erreicht.

Jetzt kam die richtige Justierung der Elektrode an Hannahs Körper. Und sie musste Anweisungen folgen: Die Beine bewegen, Füße und Hände bewegen.

»Gut«, sagte der Professor. »Keine motorischen Ausfälle!«

Das wäre ja auch noch schöner, dachte Hannah, erst bohrt ihr mir den Schädel auf, und dann können da noch motorische Ausfälle sein?

Der Stimulator wurde angesetzt, Spannung floss in die Elektroden. Hannah sollte sagen, wie sie sich fühlte.

Wie fühle ich mich? Wie im Raumschiff nach einer fernen Galaxie? Nein, das wollen sie nicht wissen.

»Starkes Kribbeln in der rechten Hand und am rechten Fuß.«

»Lässt es nach?«

»Ja, es lässt nach!«

»Bewege die Arme!«

Beide Arme lassen sich leicht bewegen, so leicht, als wäre da nie ein Kurzschluss gewesen.

Die Beweglichkeit der Unterarme wurde geprüft, Handgelenke, Füße, die Motorik der Zehen, der Beine, alles wurde auf das Genaueste getestet.

Wieder die Röntgenprobe. Mit Bleischürzen geschützt, sah Professor Krumm sich den Sitz der Elektrode im Gehirn an.

Er war zufrieden.

Er sagte: »Die Bewegungstests waren erfolgreicher als erwartet!«

Hallo, dachte Hannah seltsam wach, ich habe dir doch vertraut.

Eine Operationsschwester tupfte Professor Krumm den Schweiß von der Stirn.

Er übergab an einen zweiten Operateur. Im Spiegel über sich konnte Hannah seine Arbeit verfolgen. Mit flinken Händen schloss er die Nähte am Kopf. Sie schloss die Augen.

Sie spürte einige Betäubungsspritzen in ihre Haut vom Kopf bis hinunter zu ihrem Körper. Das Kabel wurde unter der Haut verlegt, hauchdünn, die zweite Elektrode mit einer Steuerung wurde in Höhe der Rippen eingesetzt.

Und dann war die Operation zu Ende. Die Wunden wurden verpflastert und Hannah zurück in ihr Zimmer geschoben. Sie war todmüde und fiel sofort in einen tiefen Schlaf.

Die nächste Woche verging zwischen Wachen und Schlafen. Sie gab Antworten auf Fragen, nickte, trank. Ihre Lippen waren spröde, Mutter cremte sie ein, streichelte ihre Wangen.

»Du bist ein tapferes Mädchen«, sagte Professor Krumm. Sie bewegte Arme, Hände, Füße, Beine.

»Es sieht gut aus!«, sagte er.

Dann, eines Morgens, war Hannah hellwach.

Sie sah zur Seite. Ihre Mutter saß an ihrem Bett.

Hannah wollte etwas sagen, ihr Mund war trocken. Sie räusperte sich.

Ihre Mutter fuhr hoch.

»Durst«, sagte Hannah.

Und noch deutlicher: »Hast du was zu trinken?« Ein ganzer Satz.

Mutter lachte, und Tränen liefen über ihre Wangen.

Hannah bekam jeden Tag Physiotherapie, aber als sie das erste Mal, gestützt von ihrer Physiotherapeutin, stehen wollte, knickten ihre Beine wieder unter ihr weg wie Strohhalme.

»Wie lange dauert das denn noch?«, fragte Hannah.

Die Therapeutin massierte jetzt Hannahs Nacken.

»Du musst Geduld haben«, sagte sie. »Das sagt doch Professor Krumm auch!«

Ja, das sagte er, aber Hannah sah auch die kleine Falte zwischen seinen Augenbrauen, wenn er ihre Beine und Arme nach Reflexen untersuchte.

Hannah erinnerte sich an das unglaublich leichte Gefühl in ihren Armen während der Operation. Sie hatte auch die Füße, die Zehen und Beine bewegt, aber sie hatte nicht gestanden. Lag es daran? Sie fragte ihn.

»Wir müssen Geduld haben«, antwortete er nur.

Hannah sah auf den Tisch, auf dem die *Hannoversche Allgemeine* lag. Ein kleines Foto von ihr verwies auf den Bericht auf Seite sechs über ihre erfolgreiche Operation.

»Hannah sagt allen, die diese Operation möglich gemacht haben, noch einmal Danke!«, hatte Thomas als Untertitel dazu geschrieben. Sie wusste noch, dass sie gedacht hatte, wie lange es wohl noch dauern würde, bis sie an Thomas' Arm in ein Café gehen würde. Sie würde einen Rieseneisbecher essen, und er? Sie hatte keine Ahnung, was Thomas gerne aß oder trank. Ich muss ihn das nächste Mal fragen, dachte sie.

Dann kam ein Brief von Alex, Dilara und Philipp. »Wir gratulieren dir«, schrieben sie, »kommst du uns noch einmal besuchen?« Frau Mutmann hatte liebe Grüße unter den Brief geschrieben.

Wie wenig ich an sie gedacht habe, die Schule, ihre Klassenkameraden und Frau Mutmann waren so weit weg. Natürlich würde sie sie besuchen!

Mittags war wieder Visite. Professor Krumm folgten der Stationsarzt Doktor Rehbein und Schwester Bettina. Hannah saß im Rollstuhl, drehte ihn zu den Ärzten und der Schwester.

»Hast du in den letzten zwei Wochen noch einmal Kopfschmerzen gehabt?«, fragte der Professor. »Oder Krämpfe in deinen Armen oder Beinen?«

»Nein«, sagte Hannah. »Aber meine Beine, besonders mein rechtes, werden nicht besser. Ich habe keine Krämpfe mehr, aber die Kraft kommt nicht zurück.«

Professor Krumm setzte sich auf den freien Stuhl und studierte die Unterlagen in Hannahs Krankenblatt. Ihre Mutter stand mit verschränkten Armen am Fenster. Hannah sah von einem zum anderen und fühlte die Spannung, wie damals bei der Operation, als sie wusste, jetzt kam es darauf an, jetzt konnte etwas schiefgehen.

War etwas schiefgegangen?

Sie wollte fragen, aber sie traute sich nicht.

Endlich sah Professor Krumm sie an.

»Die Operation ist gut verlaufen. Du bist eine tapfere Patientin, Hannah. Der Hirnschrittmacher ist gut eingestellt. Du hast keine Schmerzen mehr, und ich glaube auch nicht, dass du wieder welche bekommen wirst. Falls doch, kann die Spannung durch die Elektrode, den Stimulator an deinen Rippen, wieder neu eingestellt werden.« Er atmete tief durch.

Jetzt, dachte Hannah, jetzt kommt es. Ihr wurde plötzlich kalt. Ihre Mutter war vom Fenster zu ihr gekommen und legte ihr die Hände auf die Schultern.

»Deine Beine, besonders dein rechtes Bein, sind noch immer sehr schwach.« Er beugte sich vor und nahm Hannahs Hände in seine. »Ich will ehrlich sein, Hannah, ich weiß nicht, ob die Kraft wieder zurückkommt. Aber die weitere Behandlung kann deine Physiotherapeutin in Hannover übernehmen.«

Er ließ Hannahs Hände los und lehnte sich wieder zurück. Sein Blick hielt Hannahs Augen fest.

»Heißt das, dass ich nie wieder laufen kann?« Hannahs Stimme kam von ganz weit her, und sie glaubte ein Echo zu hören. Nie wieder laufen? Nie wieder laufen?

»Ich kann jetzt noch nichts Endgültiges dazu sagen«, sagte Professor Krumm. »Aber, ja, es ist wahrscheinlich, dass die Krampfanfälle deine Muskeln zu sehr angegriffen haben. Doch du bist jung. Es kann auch sein, dass die Kraft durch regelmäßige Übungen und die Behandlung wieder zurückkommt.« Er beugte sich wieder vor, hob vorsichtig ihren Kopf hoch, sodass er ihr ins Gesicht sehen konnte.

»Hannah, die Operation ist gelungen. Du wirst nie wieder so leiden müssen. Bei den kleinsten Anzeichen von Schmerzen werde ich Doktor Stratmann sagen, wie der Stimulator eingestellt werden muss. Es geht dann immer nur um eine minimale Veränderung der Spannung.«

Hannah versuchte, etwas zu sagen, und schluckte. Mutter gab ihr ein Glas Wasser. Sie nahm zwei, drei kleine Schlucke. Der dicke Kloß in ihrem Hals blieb.

»Das heißt, ich muss im Rollstuhl bleiben?«

Professor Krumm stand auf.

Er strich ihr über den Kopf. Ihre Haare verdeckten die Wunde. Die Fäden waren schon gezogen.

»Ja«, sagte der Arzt. »Das heißt, dass du erst einmal im Rollstuhl bleiben musst. Keiner von uns kann in die Zukunft sehen. Ich habe getan, was ich konnte!«

Als die Ärzte und die Schwester fort waren, setzte ihre Mutter sich neben Hannah und zog sie an sich. Die Umarmung tat ihr gut.

Ich fühle gar nichts, dachte sie, warum fühle ich gar nichts? Ich müsste doch jetzt vor Enttäuschung heulen, schreien, dass ich geglaubt hatte, dass ich wieder laufen kann wie vorher, dass alles so wird wie früher, dass sie aufrecht an Thomas' Arm gehen könnte, dass sie …

Sie begann, leise zu schluchzen, dann weinte sie, leise, wimmernd, wie ein kleines Kind.

Ihre Mutter half ihr vom Rollstuhl ins Bett, legte sich neben sie und hielt sie fest. Langsam ebbte Hannahs Weinen ab, und sie schlief ein.

Der erste Tag in ihrer Schule sollte ein Festtag werden. Frau Mutmann hatte die Klassentür mithilfe der Kinder mit einer Blumengirlande verziert und ein großes Schild aufgehängt.

»Willkommen zurück, Hannah!«

Als wäre das ein Grund zum Feiern, dachte Hannah, aber sie sagte nichts. Wie anders hatte sie zurückkommen wollen: gehend, an Thomas' Arm, nur zu Besuch, nie wieder als Schülerin. Und jetzt war es klar, dass sie eine Schülerin auf der Behindertenschule war und bleiben würde. Sie gehörte zu denen, die nicht auf eigenen Beinen stehen konnten, die im Rollstuhl fahren mussten, die im Leben der coolen jungen Leute keine Rolle spielten.

Sie bemühte sich um ein dankbares Lächeln.

»Wie hübsch«, sagte sie und: »Vielen Dank!«

Alex kam auf sie zugerollt und gab ihr ein kleines, dünnes Päckchen. »Von uns allen«, sagte er.

»Danke«, sagte Hannah und packte es aus. Es war eine CD. Und auf dem Deckblatt war ein Foto von ihr.

»Ich habe deinen Song *Somewhere over the rainbow* bei Frau Mutmann mit dem Handy aufgenommen. Du nimmst mir das hoffentlich nicht übel. Wir fanden es so schön, dass wir beschlossen haben, es auf CD zu brennen.« Alex sah sie an. »Und das Foto haben wir von Thomas. Es ist eins der Fotos für die *Hannoversche Allgemeine*.«

Hannah nickte. Sie erkannte das Foto. Sie hatte in Thomas' Kamera gelacht. Sie hatte geglaubt, dass alles wieder so werden würde wie früher. Vor der Generalisierten Dystonie. Vor dem Rollstuhl.

»Spielen Sie das Lied doch noch einmal«, bat Dilara Frau Mutmann.

Ihre Lehrerin sah Hannah an.

Hannah nickte.

Wenn die CD lief, brauchte sie nichts zu sagen. Und im Moment wusste sie überhaupt nicht, was sie sagen sollte. Natürlich war das alles sehr lieb von Alex, Dilara und Philipp. Und auch die anderen sahen sie erwartungsvoll an. Sie wollten, dass sie von Berlin erzählte, von der Operation, von dem berühmten Professor. Von der erfolgreichen Operation.

Erfolgreich? Das konnte man so und so sehen. Sie sah es anders. Sie konnte nicht wieder laufen.

Frau Mutmann stellte die Musik an.

Hannah sah sich wieder im Garten von Frau Mutmann sitzen, sie hatten Zwetschgen- und Quarkkuchen gegessen, und dann hatte sie das erste Mal seit langer Zeit wieder gesungen. Es war ein schöner Nachmittag. Sie war damals voller Hoffnung.

Nach dem Lied war es ganz still in der Klasse. Es war, als dachte jeder an seine eigenen Träume.

Frau Mutmann holte einen großen Quarkkuchen aus ihrer Tasche.

»Ich finde, heute sollten wir Kuchen essen«, sagte sie. »Zur Feier des Tages.«

In der Pause fuhr Hannah zur Eingangstür. Sie hatte ihre warme Jacke übergezogen und die Kapuze tief ins Gesicht gezogen.

»Darf ich?«, fragte Alex und hielt ihr die Tür auf. Er hatte eine Pelzmütze auf und einen roten Schal umgebunden.

Hannah musste lachen.

»Du siehst aus wie ein russischer Kosake«, sagte sie.

Alex grinste. »Dann ist mein Pferd der Rollstuhl, nicht wahr? Aber ansonsten ist ein Kosake gar nicht so übel, ein Kämpfer für seine Unabhängigkeit, ein freier Vogel.«

Hannah schwieg. Wie frei konnte man im Rollstuhl schon sein? Ihr gelang es nicht wie Alex, Witze über ihre Krankheit zu machen, auch nicht über ihren Rollstuhl.

Schweigend beobachteten sie einige Minuten lang die Menschen, die vorbeihasteten. Als hätten sie jetzt, kurz vor Weihnachten, noch weniger Zeit als sonst.

»Willst du darüber reden?«, fragte Alex.

Worüber?, dachte Hannah, über die Operation, über ihre Hoffnungen, die sie gehabt hatte, über das schwarze Loch, das sich vor ihr auftat. Darüber, dass sie für immer im Rollstuhl sitzen würde.

»Ein anderes Mal«, murmelte sie.

Sie dachte an Thomas. Er war gestern Abend bei ihnen gewesen. Er hatte wieder einmal Fotos von ihr gemacht. »Wir wollen nun die Berichterstattung über dich fürs Erste abschließen«, hatte er gesagt. »Wir haben noch Geld auf deinem Spendenkonto. Das steht dir natürlich zur Verfügung!«

»Ja, danke«, sagte Hannah.

Scheiß auf das Geld, dachte sie.

Ihre Physiotherapeutin bezahlte die Kasse, einen Rollstuhl

hatte sie, die Operation war gelaufen. Wofür brauchte sie jetzt noch Geld?

»Ein Notar wird es verwalten und es dir auszahlen, wenn du etwas brauchst, was dir hilft.«

»Ich werde daran denken«, sagte sie und wunderte sich, dass Thomas so viel über Geld sprach. War er enttäuscht, weil sie ihm nicht auf ihren eigenen Beinen entgegengekommen war? War sie nicht die Erfolgsgeschichte, die er so gerne gehabt hätte? Irgendetwas war anders zwischen ihnen. Es war, als hätte er eine dünne Wand zwischen sich und ihr aufgebaut. Sie nahm allen Mut zusammen und fragte ihn: »Bist du enttäuscht? Was ist los? Meine Therapeutin würde sagen: Ich fühle negative Knoten!«

Thomas rieb sich die Nase. Das tat er immer, wenn er verlegen war und nicht wusste, was er sagen sollte. Das war ihr in Berlin das erste Mal aufgefallen. Sie hatte es süß gefunden.

»Ich dachte, wir sind Freunde«, fügte sie noch zögernd hinzu.

»Sind wir doch auch, Hannah!« Er legte seinen Fotoapparat zur Seite und beugte sich zu ihr, seine Hände lagen auf den Lehnen ihres Rollstuhls. Er sah sie an. »Das ist es ja gerade, ich möchte dich nicht enttäuschen. Gerade jetzt, wo du mich vielleicht nötig hast.«

Sie schwieg und sah ihm direkt in die Augen. Womit wollte er sie nicht enttäuschen? Hatte er eine Freundin? Hatte er gemerkt, wie sehr sie ihn mochte? Störte ihn der Altersunterschied? Wollte er keine behinderte Freundin?

»Du musst nicht denken, dass ich dich im Stich lasse«, sagte Thomas. Also doch eine Freundin? Warum redete er so um den heißen Brei herum?

»Wir bleiben auf jeden Fall in Kontakt. Wir können E-Mails schreiben oder skypen, wenn du magst …«

»Nun sag schon, was los ist!«, brauste Hannah auf. »Ich verstehe nur Bahnhof!«

»Also, es ist so: Ich habe ein Jobangebot – als Wirtschaftsjournalist in Brüssel. Das ist ein echter Karrieresprung.« Thomas räusperte sich. »Ich bin dann Auslandskorrespondent, das war schon immer mein Traum!«

»Kannst du das denn?«, fragte Hannah.

»Ich habe bis vor Kurzem eine Zusatzausbildung gemacht. Eben mit dem Schwerpunkt Wirtschaft. Mein Abschluss war sehr gut, und ich habe schon während der Journalistenschule ein paar Kontakte in diese Richtung geknüpft. Jetzt geht eine Journalistin in Elternzeit, ihr Chef hat mich gefragt, ob ich sie vertreten will. Es ist zwar erst mal nur befristet, aber eine echte Chance.«

»Gratuliere«, hatte Hannah gesagt. »Ist doch super, dass du den Job bekommst.«

Sie holte tief Luft und sagte dann: »Du glaubst doch nicht, dass ich dir das übel nehme? Du hast für mich getan, was du konntest. Dir habe ich es zu verdanken, dass ich in Berlin behandelt wurde. Dass ich den Hirnschrittmacher bekommen konnte.« Sie dachte an Professor Krumm: »Ich werde nie wieder solche Schmerzen aushalten müssen wie noch vor ein paar Wochen. Das ist dein Verdienst.«

»Das von Professor Krumm«, sagte Thomas und lehnte sich zurück. »Es ist das Verdienst von Professor Krumm!«

Hannah merkte Thomas an, wie erleichtert er war, dass sie ihm keine Vorwürfe machte. Aber dafür hatte sie ja auch gar keinen Grund. Glücklicherweise wusste er nichts von ihren Träumen. Er konnte nicht wissen, wie enttäuscht sie wirklich war. Für ihn war sie die Hauptperson bei seiner großen, erfolgreichen Hilfsaktion gewesen, er hatte sie vielleicht auch sympathisch gefunden, aber mehr war da für ihn nicht. Das war die bittere Wahrheit.

Vielleicht hatte ihm diese Aktion sogar geholfen, den neuen Job zu bekommen. Schließlich waren sie im Fernsehen gewesen, und sie hatte gerade vor ein paar Tagen eine Einladung bekommen für *Menschen 2012*. Die Sendung sollte den Untertitel *Ereignisse, die uns berührten, Menschen, die wir nicht vergessen!* tragen.

Was für eine Lüge, dachte sie. Selbst wenn sie noch einmal mit Thomas ins Fernsehen gehen würde, man würde sie ganz schnell vergessen haben.

»Woran denkst du?«, hatte Thomas gefragt.

»Gehst du noch mit mir zu Markus Rauch? Ich glaube, das wäre ein guter Abschluss für deine Hilfsaktion! Schließlich gibt es noch mehr Kinder und Jugendliche, die von einem Tag zum anderen ins Abseits gedrängt werden. Ganz einfach, weil sie Pech gehabt haben. Eine Krankheit, ein Unfall, und vorbei ist es mit den Zukunftsplänen und den Abenteuern in der großen, freien Welt.«

»Woran denkst du?«, fragte Alex neben ihr.

»Ich dachte an die Einladung zu dieser Fernsehshow. Ich möchte, dass du, Dilara und Philipp mitkommt. Es dreht sich doch nicht nur darum, dass *ich* im Rollstuhl sitze. Außer mir sitzen noch Hunderte von Kindern und Jugendlichen im Rollstuhl. Manche werden nicht einmal sehr alt werden. Andere müssen ihr ganzes Leben in diesem Ding zubringen.«

So wie ich, dachte sie, so wie du, wenn die Unverträglichkeit gegen die Prothesen nicht vorbeigeht. So wie Dilara, so wie Philipp – für sie alle war der Rollstuhl ein lebenslanger Begleiter.

»Hast du schon mal gesehen, wie die Behinderten in den Entwicklungsländern sich fortbewegen?«, fragte Alex sie. Seine Stimme war ruhig wie immer, aber sie spürte seinen Ärger.

»Deutschland ist aber kein Entwicklungsland«, erwiderte Hannah.

»Also du hast mehr Rechte, nur weil du das Glück gehabt hast, im Westen geboren zu sein? In Afrika oder Indien wärst du in der Gosse krepiert. Da hätte dich keine Hilfsaktion von deinen Schmerzen befreit.«

»Und du würdest auf deinen Beinstümpfen durch den Staub kriechen«, giftete Hannah. »Oder dich auf so einem selbst gebastelten Rollwagen fortbewegen. Was ändert es, wenn man das weiß?«

Alex schwieg und zog seinen roten Schal etwas mehr vor sein Gesicht. Es war wirklich beißend kalt.

Hannah drehte ihren Rollstuhl, um ins warme Schulgebäude zu fahren.

Da sagte Alex: »Es ändert nichts. Aber es macht uns vielleicht deutlich, dass wir kein Recht haben.«

»Wie meinst du das?« Hannah blieb stehen, drehte sich aber nicht zu ihm um.

»Wir haben kein Recht auf optimale Versorgung. Wir haben nur Glück gehabt, dass wir hier geboren sind. Sagte ich schon, weiß ich. Aber vielleicht solltest du mal darüber nachdenken.«

Hannah verdrehte ihre Augen.

»Du solltest vielleicht Pastor werden. Predigen kannst du jedenfalls!«

Alex fuhr unbeirrt fort: »Wir müssen wieder lernen, dankbar zu sein. Für das, was wir haben. Und wir haben viel!«

Idiot, dachte Hannah und fuhr zurück in ihre Klasse. Wir haben viel. Ja, viele Probleme, ein Leben, das in Scherben vor ihr lag, Viele Träume, die wie Seifenblasen zerplatzt waren.

»Alles in Ordnung, Hannah?«, fragte Frau Mutmann.

»Ja, alles bestens«, sagte Hannah. »Ich zerplatze vor Glück, dass ich wieder hier bin.«

»Das klingt sehr bitter«, sagte ihre Lehrerin. »Ist es nicht ein Glück, dass du keine Schmerzen mehr hast? Wenn ich an den Film auf *YouTube* denke, das war doch wirklich ganz schrecklich.«

»Ein Spaß war es nicht«, bestätigte Hannah. Sie schwieg, sah zu dem Schild an der Tür.

Willkommen zurück, Hannah!

»Ich hatte gehofft, dass ich durch die OP wieder laufen kann«, sagte sie. »Ich wollte ja wiederkommen«, ihre Stimme wurde immer leiser. »Aber eben nicht im Rollstuhl!«

Frau Mutmann nickte und strich ihr übers Haar.

»Hat Professor Krumm dir gesagt, dass du nach der Operation wieder laufen könntest?«

Hannah schüttelte den Kopf.

»Nein.«

Sie dachte an ihre Physiotherapeutin in Berlin und an Betty – ihre Therapeutin hier. Beide hatten Zweifel, ob ihre Beine jemals wieder kräftig genug zum Laufen werden würden. Sie sollte froh sein, dass ihre Schmerzen weg waren und nur ihre Beine so stark in Mitleidenschaft gezogen worden waren. Sie konnte sich am Waschbecken hochziehen, aber nach ein oder zwei Minuten merkte sie, dass die Muskeln verkrampften und sie nicht mehr stehen konnte.

»Dann musst du dich wieder setzen«, hatte Betty ihr eingeschärft. »Du darfst die Muskeln nie überbelasten.«

Es klingelte, und die Pause war zu Ende. Hannah rollte ihren Rollstuhl auf ihren Platz. Sie war so müde. Am liebsten würde sie nur im Bett liegen. Es war, als überwältigte sie jetzt erst all die Müdigkeit, die sie seit Beginn ihrer Generalisierten Dystonie unterdrückt hatte, seit den Krampfanfällen, seit dem Ende ihrer Träume, dass alles wieder gut werden würde.

Frau Mutmann rief sie in dieser Geschichtsstunde ein paarmal auf.

»Ich habe nicht aufgepasst«, sagte Hannah. Es war ihr ziemlich egal, was ihre Lehrerin dazu sagen würde. Was interessierte sie Napoleon und seine Machtgier?

»Vielleicht solltest du dich erst noch ein wenig ausruhen«, meinte ihre Lehrerin freundlich. »Ich kann mir vorstellen, dass du noch etwas überfordert bist.«

Überfordert, das war es. In der nächsten Pause rief sie ihre Mutter an.

»Kannst du mich abholen, ich fühle mich nicht gut.«

»Hast du Schmerzen?« Sie hörte die unterdrückte Panik in der Stimme ihrer Mutter.

Seltsamerweise nervte sie das.

»Nein, ich fühle mich nicht gut.« Sie dachte an Frau Mutmann. »Ich fühle mich überfordert.«

Zu Hause legte sie sich gleich ins Bett.

»Soll ich den Arzt anrufen?«, fragte ihre Mutter.

Hannah schüttelte den Kopf. »Ich bin einfach nur müde. Darf ich nicht müde sein?«

Sie zog ihren hässlichen karierten Pyjama an und wickelte sich in die Bettdecke. »Ich will nur noch schlafen!«

Als ihre Mutter eine Viertelstunde später leise ins Zimmer kam, schlief Hannah tatsächlich.

»Sie hatte anscheinend wirklich nur Schlaf nötig«, sagte Adelina ins Telefon. Sie hatte ihren Mann angerufen. »Ich mache mir so Sorgen. So ist sie doch noch nie gewesen.«

»Ich glaube, jetzt kommt der Rückschlag«, sagte Hannahs Vater. »Sie ist im Rollstuhl angekommen. Ich meine, psychisch. Und das ist ganz bestimmt nicht einfach. Sie hat doch immer geglaubt, sie würde wieder laufen können.«

»Kann sie doch auch vielleicht«, meinte seine Frau.

Sie hörte ihren Mann seufzen. »Vielleicht, aber ehrlich gesagt, glaube ich es nicht. Sie muss den Rollstuhl akzeptieren.«

»Das klingt so endgültig!«, sagte Adelina. »Ich kann mich selbst noch nicht damit abfinden. Unser aktives, unternehmungslustiges kleines Mädchen.«

»Das kann sie doch wieder werden«, sagte Hannahs Vater. »Wir können sie am besten unterstützen, wenn wir Hannah auch hundertprozentig mit dem Rollstuhl annehmen. Wir helfen ihr nicht, wenn wir ihr falsche Hoffnungen machen.«

»Ich will meinen Geburtstag nicht feiern«, sagte Hannah am nächsten Morgen zu ihren Eltern. »Und wenn ich sage, ich will nicht, dann ist das endgültig. Ich will keinen Besuch, ich will keinen Kuchen, ich will niemanden hier sehen, der mir gratuliert, dass ich fünfzehn Jahre alt geworden bin.«

»Das kannst du doch nicht machen«, sagte ihre Mutter.

»Und warum nicht?«, fragte Hannah, und ihre Stimme klang so flach, als wäre jedes Gefühl aus ihr verschwunden. »Steht irgendwo geschrieben, dass ich meinen Geburtstag feiern muss? Ich will nicht und damit basta!«

Sie drehte sich zur Wand um, und ihre Schultern zuckten.

Aber als ihre Mutter die Hand auf ihren Arm legte, schüttelte Hannah sie ab. »Lass mich bitte in Ruhe! Ich will einfach in Ruhe gelassen werden!«

»Das ist ihr gutes Recht«, sagte Uwe Heimann abends zu seiner Frau.

»Aber sie will ihren Geburtstag nicht feiern. Ich finde das so undankbar!«

Uwe schüttelte den Kopf. »Gerade die Dankbarkeit macht unserer Hannah zu schaffen. Andererseits auch die Tatsache, dass sie zwar keine Krampfanfälle mehr hat, aber doch im Rollstuhl bleiben muss.«

Er dachte nach, während er die kalte Hand seiner Frau zwischen seinen Händen rieb. »Ich finde, dass wir ihren Wunsch akzeptieren müssen. Damit zeigen wir auch, dass wir sie ernst nehmen. Sie soll den Tag so verbringen können, wie sie will. Irgendwann wird sie schon wieder Besuch haben wollen. Ich glaube nicht, dass sie in eine Depression abrutscht. Sie hat doch unsere Gene!«

»Ich hoffe, dass du recht hast«, murmelte Adelina Heimann.

In den nächsten Tagen stand Hannah nur auf, wenn sie zur Toilette musste. Sie aß fast nichts und sprach kaum ein Wort.

An ihrem Geburtstag nahm sie die Glückwünsche ihrer Eltern schweigend entgegen.

»Ich weiß nicht, ob ich mich freuen soll, dass ich fünfzehn geworden bin«, sagte sie leise.

»Das verstehe ich«, sagte ihr Vater.

Ihre Mutter sagte nichts mehr. Sie war froh, dass ihr Mann den Arm um ihre Schultern gelegt hatte. Er fühlte, dass sie zitterte.

»Wenn du deine Meinung änderst und du vielleicht nachfeiern möchtest, sag es uns«, sagte Uwe Heimann zu seiner Tochter. »Wir haben für heute allen abgesagt.«

»Auch Thomas?«

»Auch Thomas«, bestätigte ihre Mutter.

»Dann ist es ja gut«, sagte Hannah, kontrollierte noch einmal, ob ihr Handy abgestellt war, und legte sich wieder hin.

»Ich bin sehr müde«, sagte sie und schloss die Augen.

Ihre Eltern nahmen die Telefonanrufe entgegen.

»Hannah ist erschöpft. Sie will einfach nur ihre Ruhe haben, aber wir richten die Glückwünsche aus«, wiederholten sie bei jedem Gespräch.

Thomas Seifert kam trotzdem vorbei und trank eine Tasse Kaffee mit Hannahs Eltern.

»Wir müssen ihren Wunsch respektieren«, sagte Hannahs Vater. »Nur so erreichen wir, dass sie sich von uns ernst genommen fühlt.«

Thomas nickte und erzählte auch Hannahs Eltern von seinem neuen Job.

»Ich befürchte, dass sie mir das übel genommen hat. So, als würde ich sie im Stich lassen.«

Uwe Heimann nickte.

»Das ist dann Hannahs Gefühl. Du hast nichts verkehrt gemacht. Du hast dich ihrer besonders angenommen. Ich kann verstehen, dass sie dachte, das würde immer so weitergehen!«

Als Thomas sich verteidigen wollte, legte Adelina Heimann begütigend ihre Hand auf den Arm des Journalisten.

»Wir wissen doch, dass du dir nichts zuschulden hast kommen lassen. Aber sie ist ein junges Mädchen. Du hast ihr Hoffnung gemacht. Das hat sie vielleicht verkehrt verstanden.«

»Du musst doch zur Therapie«, sagte ihre Mutter einen Tag später. Betty Behrends hatte zum Geburtstag angerufen und noch einmal gesagt, wie wichtig die Behandlung sei.

»Du weißt doch, wie wichtig deine Physiotherapie ist«, wiederholte sie jetzt.

»Ich habe keinen Bock darauf«, sagte Hannah.

»Aber gerade Betty magst du doch so gerne, sie hat dir immer geholfen.«

»Hat sie«, sagte Hannah müde. »Aber jetzt sitze ich im Rollstuhl, also was soll es?«

Sie wusste natürlich ganz genau, dass ihre Beine ohne Physiotherapie immer schwächer und schwächer werden würden, vielleicht würde dann der Hirnschrittmacher auch nicht mehr richtig funktionieren? Der Gedanke machte Hannah ein wenig Angst. Wenn sie sich nicht genug bewegte, würden dann die Schmerzen zurückkommen? War der Stimulator so eingestellt, dass er auch genug Impulse gab, wenn sie selbst nur im Bett lag oder im Rollstuhl saß?

Aber sie war sogar zu müde, um darüber weiter nachzudenken. Sie schlief und starrte, wenn sie wach war, an die Decke mit den leuchtenden Sternen. Vielleicht sollten die jetzt weg, die Sterne. Welche Hoffnung hatte sie noch? Von wegen, jeder Stern eine Hoffnung!

Kyra kam mit Emilie, aber als Hannah auf alle Fragen nur einsilbig oder gar nicht antwortete und bei den Geschichten über die Schule sogar gähnte, stand Emilie auf.

»Ich glaube, Hannah hat heute keine Lust auf uns.« Sie sah Kyra fragend an: »Kommst du auch, oder willst du das hier noch länger mitmachen?«

Hannah hatte sich wieder zur Wand gedreht. Geht nur, dachte sie, geht doch endlich!

Sie konnten gehen, wohin sie wollten; sie begriffen doch überhaupt nicht, wie das war, wenn man ein ganzes Leben auf einen Rollstuhl angewiesen war.

»Und das nach all unserer Hilfe«, fügte Emilie noch hinzu.

Hannah zog sich die Decke über die Ohren. Sie wollte das alles nicht hören. Sie hätte auch nach ihrem Geburtstag darauf bestehen sollen, dass sie keinen Besuch wollte.

»Das ist gemein«, sagte Kyra. »Begreifst du nicht, dass Hannah dachte, sie kann bald wieder laufen?«

»Und? Sind wir daran schuld, dass sie es nicht kann?«

Hannahs Mutter kam ins Zimmer.

Verwirrt sah sie von Kyra und Emilie zu Hannah, die sich nicht rührte.

»Was ist denn hier los?«

Emilie wollte etwas sagen, aber Kyra griff sie fest am Arm.

»Hannah ist müde, wir wollten gerade gehen!« Kyra stand auf. »Ich habe für Hannah noch einen Prospekt mitgebracht«, sagte sie und wies auf einen dicken Katalog auf dem Tischchen neben Hannahs Bett.

Erst als sie hörte, dass die Haustür ins Schloss fiel, kam Hannah wieder unter der Decke hervor. Sollten sie doch alle gehen. Gehen! Das war es, was sie auch wollte, nicht rollen, nicht geschoben werden, sie hatte sich durch die Schmerzen, die Operation, die Behandlungen gekämpft, und wofür? Ja, okay, sie hatte keine Schmerzen mehr, aber laufen konnte sie nicht! Thomas ging nach Brüssel, und sie blieb weiter auf einer Behindertenschule. Sicher gab es auch integrative Schulen mit Behinderten und Nichtbehinderten. Aber das konnte sie sich überhaupt nicht vorstellen – immer zu sehen, dass die anderen alles konnten, was sie nicht konnte. Und für jede Hilfestellung musste sie dankbar sein. Da hatte sie wirklich überhaupt keinen Bock drauf.

»Was war denn los?«, fragte ihre Mutter ein zweites Mal, als sie die beiden Mädchen zur Tür gebracht hatte und sie wieder in Hannahs Zimmer war.

Hannah ignorierte die Frage einfach.

»Ich finde, dass Vater die Sterne übermalen sollte. Jeder Stern eine Hoffnung! Ist doch alles nicht wahr!«

»Hannah!«

»Und wenn du noch einmal in dem Ton ›Hannah‹ sagst, bekomme ich echt die Krise!«

Mutter sah schweigend auf ihre Tochter. Wie blass und traurig sie aussah. Dieser freche Ton passte so gar nicht zu ihr. Aber sie konnte ihr deswegen nicht böse sein.

»Ist ja gut«, sagte sie deshalb nur und ging aus dem Zimmer.

Wenn ich gehen könnte, hätte sie mir eine Standpauke gehalten. Ich soll mehr Respekt haben und den Mund nicht so weit aufreißen. Aber jetzt, wo ich ein Krüppel bin, da behandelt sie mich wie ein rohes Ei. Bloß die arme kleine Hannah nicht aufregen. Mit Krüppeln musste man vorsichtig umgehen.

Krüppel! Wie Stacheldraht schmerzte das Wort auf ihrer Zunge. Dann waren sie ja alle in ihrer Schule Krüppel: Dilara, Philipp und Alex, alle ihre Klassenkameraden waren Krüppel. Sie alle hatten einen Rollstuhl.

Betty kam auf Wunsch von Hannahs Eltern zu ihnen nach Hause. Sie zwang Hannah, aus dem Bett aufzustehen.

»Ich kann dir nicht sagen, wie sich dein depressives Verhalten sonst noch auf deine Gesundheit auswirkt«, sagte sie. »Bekannt ist, dass schon bei zwei Wochen Bettruhe fünfundzwanzig Prozent der Muskulatur abgebaut werden. Wenn du dich überhaupt nicht mehr bewegen willst, bitte, dann ist das deine Entscheidung.«

Hannah sah sie perplex an.

Das war doch nicht ihre immer gut gelaunte Therapeutin.

Betty sah Hannahs Gesichtsausdruck und konnte nur mit Mühe ein Lächeln unterdrücken. Dann war ihre Strategie doch richtig gewesen. Natürlich hatte sie auch Mitleid mit dem Mädchen, aber Mitleid half ihr nicht. Das hatten in diesem Moment alle um sie herum. Und, was noch schlimmer war, Hannah hatte es mit sich selbst. Selbstmitleid war in ihrem Fall der Anfang vom Ende. Sie musste weiterkämpfen, nicht um wieder laufen zu können, aber um alle Muskeln weiter gut bewegen zu können. Die Dystonie war durch den Hirnschrittmacher nicht besiegt. Wenn sie sich so wenig bewegte, würden früher oder später in anderen Muskeln Krampfanfälle auftreten. Aber das wollte sie dem Mädchen nicht sagen. Sie sollte relativ unbeschwert ihre Übungen machen und hoffen, dass andere Gehirnzellen die Motorik der Bewegungen übernahmen. Auch das gab es. Aber aufzugeben, das konnte schwere Folgen haben.

Hannah setzte sich auf, und mithilfe von Betty schwang sie sich in den Rollstuhl.

Sie merkte, dass es sie mehr Kraft kostete als sonst.

Betty seufzte.

»Versprichst du mir, dass du wieder mitarbeitest? Deine Übungen wieder regelmäßig machst?«

Hannah schwieg und sah auf ihre beiden Beine. Weiß und dünn waren sie. Zwei hübsche Puppenbeine an einer hübschen Puppe. Aber Puppenbeine waren nutzlos. Sie wackelte mit den Zehen, rollte die Füße auf und ab, zog die Beine an und streckte sie wieder.

Es waren keine Puppenbeine. Sie war keine Puppe.

»Das ging ja schon ganz gut«, lobte ihre Therapeutin sie. Hannah hatte fast automatisch mit ihren Übungen begonnen.

Die nächste Stunde arbeiteten sie beide hart. Hannah wischte sich den Schweiß von der Stirn. Vor den Erfolg hatten die Götter den Schweiß gesetzt. Wann hatte sie das auch gedacht? Richtig, bei der Operation, als eine Schwester dem

Professor den Schweiß abgetupft hatte. Professor Krumm hatte stundenlang hart gearbeitet. Sollte das alles umsonst gewesen sein?

»Woran denkst du?«, fragte Betty Behrends sie.

»Zur nächsten Stunde komme ich wieder zu Ihnen«, sagte Hannah. »Und ich mache meine Übungen wieder regelmäßig.«

Ihre Therapeutin nickte und nahm sie in die Arme. Hannah sollte nicht sehen, dass sie Tränen in den Augen hatte.

»Was ist denn das für eine Broschüre?«, fragte sie Hannah beim Weggehen.

Hannah zuckte die Schultern. »Keine Ahnung. Irgendetwas mit Hunden. Als wenn ich meinen Eltern zumuten könnte, auch noch einen Hund zu versorgen.«

»Hättest du denn gerne einen Hund?«

»Ich hätte gerne einen Hund, klar doch. Aber ich sitze im Rollstuhl. Wie soll ich mich da um einen Hund kümmern? Wenn ich wieder hätte laufen können, dann hätte ich mit einem Hund lange Spaziergänge gemacht, aber so?«

Betty Behrends nickte und schien nachzudenken. Dann fragte sie: »Darf ich sie mitnehmen? Ich denke schon lange daran, mir einen Hund anzuschaffen. Dann ist da immer jemand, der auf mich wartet. Jemand, den ich streicheln kann.«

»Nehmen Sie nur«, sagte Hannah und dachte, dann ist Betty also allein. Sie hatte auch nie über einen Freund gesprochen. Aber klar, es war ja immer nur um sie und ihre Krankheit gegangen. Und natürlich, es musste schön sein, einen Hund zu haben. Einen lebendigen Freund, der nicht plötzlich Karriere machte und nach Brüssel ging, um Auslandskorrespondent zu werden.

»Haben Sie keinen Freund?«, fragte sie ihre Therapeutin. »Sie können doch bestimmt schnell einen finden, wenn Sie wollen.«

»Die Frage ist, ob ich will«, sagte Betty und packte die Broschüre in ihre Tasche. »Mein letzter hatte plötzlich genug von mir. Ich würde zu viel arbeiten, hat er gesagt.« Sie seufzte. »Ich denke sogar, dass er recht hatte. Aber meine Arbeit ist mein Leben. Da passt höchstens noch ein Hund mit hinein. Der meckert nicht und freut sich, wenn ich komme.«

7. Kapitel

Zwei Wochen vor Weihnachten trat Hannah mit Thomas Seifert noch einmal im Fernsehen auf. In der ersten Reihe saßen ihre Klassenkameraden Philipp, Dilara und Alex. Neben ihnen saßen Philipps Eltern, Alex' Vater und Dilaras Mutter. Neben Hannahs Eltern hatten Kyra und Emilie Platz genommen. Hannahs Mutter hatte vor der Sendung mit ihren ehemaligen Mitschülern getuschelt, und mehrmals hatte sie geglaubt, den Namen ihrer Therapeutin gehört zu haben.

»Ich kann leider nicht mitkommen«, hatte Betty gestern am Telefon zu Hannah gesagt. »Ich habe eine Grippe und will dich nicht anstecken. Natürlich stelle ich meinen Fernseher an, dann bin ich irgendwie doch dabei!«

»Schade«, sagte Hannah und: »Gute Besserung!«

Hannah war jetzt beinahe froh, dass sie im Rollstuhl saß. So sah niemand, dass sie vor Aufregung zitterte. Doktor Stratmann hatte vor zwei Tagen den Stimulator ihres Hirnschrittmachers neu eingestellt. Sie hatte Kopfschmerzen bekommen und dann ein leichtes Zucken in ihren Beinen gespürt. Auch in dem linken Bein. Professor Krumm hatte sie ja gewarnt, dass das passieren konnte. Sie war sofort zu Doktor Stratmann gegangen.

»Bin ich selbst daran schuld?«, fragte Hannah. »Ich meine, dass der Hirnschrittmacher neu eingestellt werden muss?«

»Wie kommst du denn darauf?«

Hannah hustete verlegen.

»Na ja, ich hatte einen ziemlichen Tiefpunkt!« Sie erzählte ihrem Arzt von ihrem psychischen Zusammenbruch.

»Depression ist vielleicht etwas übertrieben. Aber ich war auf einmal so müde, ich hatte überhaupt keinen Plan mehr! Und absolut keinen Bock auf irgendetwas. Nicht einmal auf eine Geburtstagsfeier!«

Doktor Stratmann beruhigte Hannah.

»Es wäre ja ein Wunder, wenn du das alles weggesteckt hättest, als sei nichts geschehen. Du warst die ganze Zeit sehr tapfer. Und Professor Krumm hatte mir sowieso gesagt, dass eine Feinabstimmung mit an Sicherheit grenzender Wahrscheinlichkeit bald nötig sein wird.« Er nickte Hannahs Mutter zu, die ihm aufmerksam zuhörte. »Der Hirnschrittmacher muss nicht neu eingestellt werden, sondern es handelt sich nur um eine minimale Feinabstimmung der Elektrode unterhalb deiner Haut in Rippenhöhe. Deswegen ist die Elektrode ja dorthin verlegt.«

Hannah dachte an die Schaltzentrale in ihrem Kopf, die alle Körperfunktionen verarbeitete und steuerte. Feinabstimmung klang gut.

Sie bekam eine Spritze, die die Haut rund um den Stimulator betäubte. So merkte sie von dem, was Doktor Stratmann tat, nichts.

»Rufen Sie mich sofort an, wenn Hannah Schmerzen haben sollte«, hatte der Arzt ihrer Mutter eingeschärft.

Aber sie hatte keine Schmerzen mehr gehabt.

Jetzt, nachdem die Visagistin sie für die Show zurechtgemacht hatte und auch ihre Klassenkameraden ein wenig geschminkt worden waren, fühlte sie eine Spannung in sich aufsteigen, die Hannah sich nicht erklären konnte.

Da war irgendetwas im Busch. Ihre Mutter hatte vor Aufregung rote Flecken am Hals, und Thomas rieb sich dauernd die Nase. Wieso war er so verlegen? Oder war er aufgeregt?

Der Quizmaster begrüßte sie und zeigte zur Einleitung ein paar Szenen aus dem schrecklichen Film von *YouTube*, Bilder von der Spendenaktion und ein paar Zeitungsberichte. Auch Ausschnitte aus dem ersten Interview wurden gezeigt. Wie viel Hoffnung hatte sie damals noch gehabt.

Hannah sah zu Alex hinüber. Er sah richtig süß aus, als er ihr jetzt zublinzelte. Er hatte ihr nichts übel genommen. Auch nicht, dass sie ihn an ihrem Geburtstag nicht hatte sehen wollen. »Das ist doch deine Sache«, hatte er gesagt, als sie das erste Mal danach wieder in der Schule war. »Mach dir doch über so etwas keinen Kopf.«

Dabei war sie in der letzten Zeit nicht gerade freundlich zu ihm gewesen. Sie hatte ihn ganz schön angegiftet und einfach nicht hören wollen, dass sie zwar im Rollstuhl saß, aber dennoch noch so viel selbst konnte.

Dilara war, während sie zu Hause im Bett lag, wieder im Krankenhaus gewesen, und Hannah hatte kein einziges Mal gefragt, wie es ihr ging. Heute sah sie jedenfalls toll aus. Ihre dunklen Haare umrahmten ihr Gesicht, und Philipp konnte seine Augen nicht von ihr abwenden. Irgendwann während der ersten Minuten der Sendung hatte Dilara ihren Rollstuhl dichter neben den von Philipp manövriert und ihre kleine Hand auf die von Philipp gelegt. Hannah sah den Blick von Dilaras Mutter, aber sie hatte nicht eingegriffen.

Philipp hatte mehr Medikamente bekommen als sonst, und so zuckten seine Muskeln heute weniger. Und als Dilara ihre Hand auf seine legte, war es, als wäre auch bei ihm ein Schalter im Gehirn umgelegt worden. Er wurde fast ganz ruhig und strahlte mit dem großen Weihnachtsbaum auf dem Podium um die Wette.

»Was möchtest du unseren Zuschauern sagen, Hannah? Bist du sehr enttäuscht, dass du trotz der komplizierten Operation noch nicht laufen kannst?«

»Nein, warum sollte ich enttäuscht sein?«, log Hannah. »Ich bin froh, dass ich keine Schmerzen mehr habe. Die Feinabstimmung bei meinem Arzt verlief gut, und ich muss nur noch einen Teil der Medikamente nehmen.«

»Man könnte also sagen, dass du froh und dankbar bist?«, fragte Markus Rauch.

Froh und dankbar, dachte Hannah. Vom Verstand her weiß ich, dass ich dankbar sein müsste. Da hatte Alex ja recht. Aber ihr Gefühl, das war eine ganz andere Sache.

Sie hätte gerade jetzt in dieser Zeit gerne einen Freund gehabt, jemand zum Anlehnen. Thomas hatte ihr Denken und Fühlen beherrscht, und jetzt ging er weg. Und sie erkannte in diesem Moment, dass sie eigentlich nicht in Thomas verliebt war, sondern mehr in die Vorstellung davon, eine Beziehung zu einem klugen, älteren Journalisten zu haben. Zu jemandem, der so gut zuhören konnte und auch schon mal schwieg, wenn es sein musste, weil es für vieles keine Worte gab. Aber was wusste sie eigentlich von Thomas? Sie hatte nicht einmal gewusst, was sein beruflicher Traum war. Und darum hatte es sie so verletzt, als er ihr erzählt hatte, dass er nach Brüssel gehen würde.

Alex dagegen war ein lieber Klassenkamerad, aber er war so kopfgesteuert. Er war ein guter Kumpel, sah bei allem das Positive und hatte schon genug damit zu tun, seinem depressiven Vater die Schuldgefühle auszureden. Trotzdem war da etwas, das sie nicht in Worte fassen konnte.

»Hannah, bist du froh und dankbar?«, wiederholte der Moderator seine Frage.

»Dankbar ja, das habe ich ja schon gesagt«, begann Hannah ein wenig zögerlich. »Aber froh? Natürlich könnte ich sagen, dass ich froh bin, keine Schmerzen mehr zu haben. Aber das ist mehr mein Verstand. Ich fühle mich manchmal sehr einsam.« Sie sah zu ihren Klassenkameraden. »Übrigens genau wie die anderen in unserer Schule. *Helft Hannah!* war ein tolles Projekt, und ich möchte gerne, dass das Geld, das da noch auf meinem Namen auf dem Konto ist, für unsere Schule verwendet wird.«

Thomas Rauch sah sie nachdenklich an. »Ich weiß nicht, ob das geht. Vor allem, weil wir gerade jetzt von dem Geld ein wertvolles Geschenk für dich gekauft haben.«

Ein wertvolles Geschenk? Hannah hatte Mühe, weiterzulächeln. Sie wollte kein Geschenk. Sie hatte einen prima Rollstuhl, und gesunde Beine konnte ihr niemand schenken.

»Einen Applaus für Betty Behrends und Heike Helm!«

Die Scheinwerfer erfassten Betty. Sie strahlte, und ihre Locken wippten fröhlicher als je zuvor. Neben ihr stand eine schlanke junge Frau mit kurzen blonden Haaren. Sie hatte einen Hund an der Leine. Er sah aus wie eine Mischung zwischen einem Teddybären und einem Chow-Chow, war vielleicht sechzig Zentimeter groß und blieb erst einmal abwartend sitzen, als der Beifall aufkam.

Hatte Betty ihren Hund mitgebracht? Aber warum hatte sie dann gestern noch gesagt, sie hätte eine Grippe, während sie jetzt hier offensichtlich gesund mit einer fremden Frau in der Sendung erschien? Und wer war Heike Helm? Den Namen hatte Hannah noch nie gehört.

Die Frau sagte etwas zu dem Hund, und stolz und elegant, als trete er jeden Tag in einer TV-Show auf, schritt er mit den zwei Frauen die Treppe hinunter. Heike Helm gab Markus Rauch die Hand und begrüßte dann Hannah.

»Wie schön, dass ich dich jetzt persönlich kennenlerne«, sagte sie und gab Hannah die Hundeleine in die Hand. Hannah war zu perplex, um abzulehnen.

Der Hund setzte sich ohne ein weiteres Kommando neben ihren Rollstuhl und legte seine Pfote zur Begrüßung auf Hannahs Bein.

Gott, ist der süß, dachte Hannah und schaute in seine braunen Augen, die sie ernst musterten. Was für ein Glück hatte Betty. Das war ja ein lebendiges Kuscheltier. Als würde der Hund ihre Gedanken lesen können, nahm er die Pfote von ihrem Schoß und rieb seine Schnauze an ihrem Bein. Es war wie eine zweite Begrüßung. Ich mag dich auch, schien er ihr sagen zu wollen.

»Und, wie gefällt dir Bob?«, fragte Betty. Ihre Stimme zitterte ein wenig vor Aufregung.

Sie wird doch nicht eifersüchtig sein, dachte Hannah. Ich kann ja nichts dafür, dass ihr Hund mich mag.

»Der ist total süß«, sagte Hannah. »Bob heißt er? Hey, Bob, du bist ja ein ganz Lieber!« Hannah kraulte den Hund hinter dem Ohr. Wie weich und wuschelig sein Fell war.

»Du findest ihn also lieb?«, fragte Frau Helm. »Er scheint dich jedenfalls zu mögen.«

So what, dachte Hannah. Bob ist bestimmt ein gut erzogener Hund. Und außerdem war es ja Bettys Hund.

Bob schien Gedanken lesen zu können. Er richtete sich auf, legte beide Vorderpfoten auf Hannahs Schoß und sah sie wieder aufmerksam an.

Er kann nicht sprechen, aber ich würde wetten, dachte Hannah, dass er mir was sagen will. So was wie: Ich mag dich, und ich bleibe bei dir. Das war natürlich Unsinn!

Markus Rauch bat die beiden Frauen zu sich auf die Couch, Betty schob Hannahs Rollstuhl zu ihnen. Bob lief neben dem Rollstuhl her und nahm ohne ein weiteres Kommando neben ihr Platz, als Hannah den Rollstuhl sicherte.

»Frau Helm«, sagte der Talkmaster, »erzählen Sie uns und den Zuschauern doch erst einmal, was Ihr Beruf ist.«

Er wies auf die große Leinwand, und da erschien Heike Helm inmitten von vielen Hunden, die alle irgendwie Bob ähnelten. Es gab Hunde mit glattem Fell und welche mit eher wuscheligem – die ähnelten Bob am meisten.

Hannah sah zu dem Hund neben sich, und er sah sie aufmerksam an, blickte dann anscheinend interessiert zu der Leinwand, als erkenne er seine Freunde.

»Das sind Elos, die wir hier sehen«, sagte Frau Helm gerade. »Sie haben aufgerichtete Ohren, sind im Ganzen etwas gedrungener, mit einem langen Rücken.«

»Elos?«, fragte Thomas Rauch nach.

»Der Elo ist ein Markenhund«, erklärte Frau Helm, »ausschließlich gezüchtet von lizenzierten Züchtern. Wir haben einen hohen Anspruch mit einem umfangreichen Forschungsprogramm und eindeutigen Zuchtmerkmalen.«

»Und Sie sind so eine Züchterin?«

»Ja«, sagte sie, »und es ist die schönste Aufgabe, die man sich vorstellen kann.«

»Und aus welchen Hunderassen ist dieser Elo entstanden?«

»Der Chow-Chow und Hunde, die bekannt sind als besonders zuverlässige Hüte-, Jagd- und Schutzhunde. Der Erfinder der Elos – wenn man das so sagen kann –, Heinz Sobries, hat sich intensiv mit der Vererbung von Wesensmerkmalen beschäftigt. Er untersuchte bei verschiedenen Rassen das Verhalten der Hunde. Dabei kam es ihm besonders auf die Freundlichkeit gegenüber Kindern an. Die Hunde sollten außerdem einen verminderten Bewegungsdrang haben, gelehrig sein und wenig bellen. Das waren eben der Chow-Chow, der Bobtail und der Eurasier.«

Dann bist du ja ein ganz besonderes Exemplar, dachte Hannah und kraulte Bob wieder. Zum Dank leckte er ihr kurz über die Hand. Hannah lächelte.

»Sehen Sie«, fuhr die Züchterin fort und zeigte auf Bob, »diese Hunde haben ein pflegeleichtes Fell, keine erblich bedingten Krankheiten, nicht zu viel Bewegungsdrang, sind aber auch nicht faul. Elos werden schnell stubenrein, wachsam, aber verbellen niemals einen Postboten.« Sie lächelte Hannah an. »Das ist das Ergebnis einer guten Zucht und ganz bestimmt nicht zufällig. Die gezielte Zuchtauswahl hat diese Eigenschaften im Erbgut des Elos fest verankert.«

Hannah wunderte sich, dass sie noch nie etwas von einem Elo gehört hatte.

»Was ist der Sinn dieser Zucht?«, fragte Thomas Rauch.

»Der Elo soll ein wachsamer, zuverlässiger Partner sein, zum Beispiel für ältere Menschen oder für in der Hundehaltung unerfahrene Familien mit kleinen Kindern. Und die ganz besonders guten Elos, sozusagen die Elitehunde aus der Züchtung, werden Begleithunde für Rollstuhlfahrer, Rettungshunde oder Blindenführhunde.«

Der Talkmaster wandte sich an Hannah.

»Und, wie gefällt dir Bob?«

»Er ist total süß«, wiederholte Hannah ihren allerersten Gedanken.

»Kannst du dir vorstellen, warum wir Frau Helm eingeladen haben, damit sie uns etwas über ihre Elos erzählt?«

Hannah traute sich nicht, den Gedanken zu Ende zu denken. Sollte es möglich sein? Sie sagte nichts, sondern schüttelte nur den Kopf.

Da ergriff Betty das Wort.

»Eine Freundin von Hannah hatte ihr eine Broschüre über die Elos mitgebracht. Aber Hannah hatte zu dem Zeitpunkt nicht so viel Lust, sie zu lesen. Schlimmer noch, sie war gerade ziemlich down, weil sie sich einsam fühlte und erfahren hatte, dass sie wahrscheinlich für immer auf den Rollstuhl angewiesen sein würde. Da habe ich mich mit Frau Helm in Verbindung gesetzt, sie erzählte mir von Bob, der eine dreijährige Ausbildung als Begleithund für Rollstuhlfahrer hinter sich hat. Das passte doch gut. Mit so einem Hund hat Hannah einen neuen Freund und gleichzeitig immer jemanden zum Kuscheln.«

»Bob ist für mich?« Hannah konnte es überhaupt nicht fassen, und ihre Stimme klang ungewöhnlich hoch. Bob legte wieder seine beiden Pfoten auf ihren Schoß und machte einmal »Wuff«.

»Ich sagte doch, dass wir ein wertvolles Geschenk für dich haben«, sagte Markus Rauch.

Hannah streckte beide Arme aus, und Bob ließ sich nicht bitten, er sprang in Hannahs Arme, als hätte er in den letzten drei Jahren nur auf diesen einen Moment gewartet. Er hatte das Frauchen gefunden, dem er helfen konnte.

Hannah merkte nicht, dass Tränen über ihr Gesicht liefen, als der Elo es sich auf ihrem Schoß bequem machte und dabei ganz leise, zufrieden klingende Belllaute ausstieß.

Als Hannah sich wieder etwas beruhigt hatte, sah sie zu Dilara. Wie sehr hätte sie so einen Freund nötig. Philipp war ein lieber Schulkamerad, aber da er selbst behindert war, konnte er Dilara nur begrenzt helfen. Ein Begleithund, der Dilara auch zu Hause ein treuer Gefährte sein könnte, würde ihr, die es oft so schwer hatte, das Leben viel leichter machen. Sie kraulte Bob und sagte: »Da vorne sitzt Dilara, meine Schulfreundin. Ihr geht es viel schlechter als mir. Sie hätte so einen Hund nötiger als ich.«

Sie hatte gerade erst mit Bob Freundschaft geschlossen, aber sie wusste, dass Dilara einen Begleithund viel nötiger hatte als sie selbst. Sie hatte einen Vater und eine Mutter, die ihr beide immer helfen würden, und dann war da auch noch Alex. Eines Tages würde er vielleicht Prothesen finden, die er vertrug. Sie durfte nicht egoistisch sein. Sie hatte lange genug nur an sich selbst gedacht.

Sie sah Frau Helm an, und ihre Augen waren feucht. »Nehmen Sie es mir bitte nicht übel, aber ich glaube, Dilara braucht einen so tollen Hund viel dringender als ich.«

Frau Helm stand auf und nahm Hannah in den Arm.

Bob knurrte zustimmend.

»Weißt du was? Wir haben noch eine Überraschung für dich. Frau Mutmann hat uns schon gesagt, dass wir dich nur glücklich machen können, wenn wir auch etwas für Dilara tun.«

Sie richtete sich auf und klatschte einmal kurz in die Hände.

Bob spitzte seine Ohren, rührte sich aber nicht vom Fleck.

Dafür öffnete sich die Tür oben an der Treppe, und ein junger Mann führte einen weiteren Elo die Treppe herunter. Er sah aus wie Bobs Bruder – er war nur etwas kleiner.

»Er ist aus demselben Wurf«, erklärte Heike Helm. »Und er soll Dilara helfen, ihr etwas bringen, ihr etwas aufheben, wenn es ihr heruntergefallen ist, oder ganz einfach für sie da sein, wenn sie alleine ist.«

Der Junge überreichte Dilara die Hundeleine.

»Für mich?« Dilara konnte ihr Glück nicht fassen. Wieso waren auf einmal alle Menschen so nett zu ihr? Und jetzt bekam sie auch noch einen Hund geschenkt. Sie sah zu Philipp, der ihr aufmunternd zunickte.

Dilara vergrub ihr Gesicht in das Fell des Hundes, damit niemand ihre Tränen sah.

Als Hannah die Show später zu Hause noch einmal ansah, dachte sie: Da wurde ja ganz schön auf die Tränendrüsen gedrückt. Markus Rauch hatte sie am nächsten Tag persönlich noch einmal angerufen.

»Wir haben Millionen von Zuschauern erreicht, Hannah, die Einschaltquoten waren super!«

Hannah verkniff sich die Bemerkung, dass das ja wohl der Sinn der Sendung gewesen war. Aber hier heiligte der Zweck die Mittel. Einem Millionenpublikum war deutlich gemacht worden, wie sehr gerade Behinderte einen Gefährten brauchten. Einen Freund, der ihnen jeden Wunsch von den Augen ablas, der sich streicheln ließ und immer guter Dinge war.

Hannah streichelte Bob und war wunschlos glücklich.

8. Kapitel

In den nächsten Tagen besuchte sie Dilara, und die beiden Hunde begrüßten sich freudig, beschnupperten einander und leckten sich kurz die Schnauzen. »Ich habe sie übrigens Dorothee genannt. Du weißt schon, nach der Dorothee, die das Lied vom Regenbogen singt.«

Hannah nickte. »Passt gut zu ihr!«

»Sieht aus, als gäben sie sich Küsschen«, sagte Dilara, die ihren Blick nicht von den Hunden lösen konnte. »Was habe ich doch für ein Glück! Seitdem du auf unserer Schule bist, ist für mich alles besser geworden.« Sie sagte das so unbefangen, dass Hannah ihr nicht böse sein konnte. Des einen Glück, des anderen Pech, dachte sie. Aber dann schämte sie sich. Sie hatte seit dem Beginn ihrer Krankheit so viele Menschen kennengelernt, die sich für sie einsetzten, dass sie sich manchmal fragte, wieso ausgerechnet für sie? Es gab so viele behinderte Menschen. Seit ihrem zweiten Auftritt im Fernsehen bekam sie jeden Tag E-Mails von Menschen, die sie nicht kannte. Sie baten um Hilfe, gratulierten ihr, wollten auch gerne so einen Hund, weil sie einsam waren, hilfsbedürftig oder ganz einfach, weil die pflegeleichten Hunde ihnen etwas mehr Mut zum Leben geben könnten.

Diese vielen E-Mails machten Hannah sehr nachdenklich, und es war gut, dass Bob sie hin und wieder anstupste und sie mit seinen treuen Augen ansah.

»Ja, du hast ja recht«, sagte Hannah dann. »Ich kann nicht allen helfen. Komm, wir *gehen* eine Runde um den Block!«

Bob lief bei diesen Spaziergängen neben ihrem Rollstuhl her, und es geschah immer öfter, dass Hannah angesprochen wurde.

»Du bist doch die Hannah? Ich habe dich im Fernsehen gesehen! Und das ist der Elo! Was für ein süßer Hund! Da hast du aber Glück gehabt!«

Glück?, hatte Hannah zu Anfang gedacht, ich sitze im Rollstuhl, ich habe Monate mit unglaublichen Schmerzen hinter mir, eine Operation, die wirklich nicht einfach war, und ich gehe auf eine Behindertenschule. Habt ihr eine Ahnung, was es da für ein Elend gibt?

Aber sie sagte nichts, sondern lächelte meist nur stumm.

Doch ihre Gedanken kreisten immer mehr um dasselbe Thema. Vor ihrer Krankheit hatte sie ja auch keine Ahnung gehabt, was es für schreckliche Dinge gab, wie sich von einem Tag auf den anderen alles verändern kann.

Meistens saß Bob dann neben ihr, und sie kraulte ihn hinter den Ohren. Manchmal legte er die Pfoten auf ihren Schoß und sah sie fragend an.

»Na, komm schon«, sagte sie dann, und er sprang auf ihren Schoß. Was für ein Glück war dieser Hund, dachte sie. Es war, als hätte er allein durch seine Anwesenheit einen Schleier vor ihren Augen weggezogen.

Während sie ihn streichelte, ihm beim Fressen zusah, er sie begleitete, wenn sie mit dem Rollstuhl zum Bäcker fuhr oder zum nächsten Supermarkt, immer wieder dachte sie darüber nach, welche Veränderung seine Anwesenheit mit sich gebracht hatte.

Sie hatte eine Aufgabe, Bob hatte ein Recht auf seinen Auslauf. Natürlich, er war pflegeleicht, aber Hannah merkte ihm an, dass er ihre Ausflüge genoss. Seit er da war, war es für sie gar keine Frage mehr, dass sie mit dem Rollstuhl auf die Straße ging.

Sie hatte beim Nachdenken immer jemanden, den sie streicheln konnte, und wenn sie mit ihm sprach, ihm die E-Mails vorlas, dann war es, als ob er alles verstehen würde. Natürlich konnte er das nicht, aber irgendwie hatte Hannah das Gefühl, ihre Gedanken würden klarer, wenn sie sie mit ihm teilte.

Thomas Seifert verabschiedete sich von ihr, und sie konnte ihm aufrichtig danken.

»Wenn du mir nicht geholfen hättest, ich weiß nicht, ob ich es geschafft hätte«, sagte sie. Sie dachte an die schrecklichen Schmerzen. »Ich bin dir sehr dankbar!«

Bob machte »*Wuff!*«, und Hannah war froh über die Ablenkung. Die Situation war ganz schön traurig. So lachten sie beide.

»Für Bob bin ich aber nicht verantwortlich«, sagte Thomas ehrlich. »Das war erst Kyra mit dem Prospekt und dann deine Therapeutin.«

»Ich sage ja, ich habe immer wieder Glück gehabt«, meinte Hannah nachdenklich. »Und es gibt so viele Behinderte, die das Glück nicht haben. Um die kümmert sich niemand!«

»Du kannst nicht das ganze Elend der Behinderten auf deine Schultern nehmen«, sagte der Journalist sachlich. »Wir können nur in einzelnen Fällen und meist am besten in unserem Umfeld helfen!«

Thomas Seifert dachte an seine ersten Besuche bei Hannah, an den schrecklichen Film auf *YouTube* und an Hannahs Zeit in der Berliner Charité. Seine Aktion *Helft Hannah!* hatte entscheidend dazu beigetragen, dass Hannah operiert werden konnte, aber es war nicht nur sein Einsatz gewesen. Wenn Hannah nicht so fotogen gewesen wäre, wenn sie nicht so eine Kämpfernatur hätte, dann wäre die Resonanz der Leser und der Zuschauer viel geringer gewesen. Ein hübsches Gesicht, eine natürliche Ausstrahlung halfen sehr, wenn es galt, Menschen anzurühren. Und sie hatte ganz unbefangen und uneigennützig Dilara ihren Hund abtreten wollen. Das kam gut beim Publikum an. Besonders in der Weihnachtszeit.

»Vielleicht kannst du mit Alex zusammen die Freigebigkeit der Menschen noch etwas ankurbeln? Das ist nur so ein Gedanke.«

Der Gedanke ließ Hannah nicht los. Es kamen immer noch Spenden auf ihrem Konto an, und ein Notar verwaltete weiterhin das Geld.

Der Notar, Herr Feit, war ein etwas übergewichtiger Mann mit einem kahl geschorenen Kopf und einem Zwinkern in den Augen. Hannah hatte Alex und Bob zu der Verabredung mit ihm mitgenommen.

Alex war von ihrem Plan begeistert. »Endlich raus aus der Opferrolle und wieder aktiv werden. Eine super Idee!«

Hannah erzählte Herrn Feit von ihrem Plan.

»Ich habe mir mit meinem Freund zusammen viele Gedanken darüber gemacht, was wir mit dem Geld sinnvollerweise machen können!«

»Dann legt mal los«, ermunterte der Notar die beiden. Er hatte die Sendung auch gesehen und war von Hannahs Auftreten beeindruckt gewesen. Er hatte sofort gemerkt, dass das nicht abgesprochen gewesen war. Ihren Hund an ihre Schulkameradin weitergeben zu wollen war schon sehr edelmütig gewesen. Sie hatte ja nichts von Bettys Plan gewusst.

»Also«, sagte Hannah, »ich dachte, wir machen für die Elos Reklame. Ich wollte Sie bitten, Flyer drucken zu lassen. Die könnten Alex und ich in den Pausen vor unserer Schule verteilen. Und an den letzten Tagen vor Weihnachten stellen wir uns vor die großen Kaufhäuser und bitten um Spenden für die Begleithunde.«

In der nächsten Stunde besprachen sie mit dem aufgeschlossenen Notar, was in den Flyern stehen sollte und was sie mit der Aktion erreichen wollten.

Herr Feit machte ein paar Fotos von Hannah, Alex und Bob.

»Ihr habt Glück, ihr seid alle drei besonders fotogen. Die Fotos sehen ziemlich gut aus.«

Prompt wurden Hannah und Alex rot.

Oh, dachte der Jurist, da bahnt sich doch etwas an? Aber er hielt wohlweislich seinen Mund.

»Ich setze mich dann auch mit Frau Helm, der Elo-Züchterin, in Verbindung. Vielleicht können wir den einen oder anderen Notfall schon zu Weihnachten mit einem Hund beglücken.«

»Nicht jeder hat auch das Geld, um das Futter und alles andere zu bezahlen«, warf Alex ein.

Der Notar pflichtete ihm bei.

»Genau wie bei Dilara übernehmen wir beziehungsweise der Hilfsfonds die Unterhaltskosten. Wenn die Hunde offiziell als Behindertenhunde von der Krankenkasse anerkannt werden, zahlen die auch ihren Beitrag dazu.«

»Krankenkasse«, schnaubte Hannah. »Wenn es nach denen gegangen wäre, hätte ich niemals operiert werden sollen!« Sie dachte an den unangenehmen Besuch bei dem Kassenarzt.

»Ja, die kassenärztliche Versorgung ist oft nicht gerade optimal«, bestätigte Herr Feit. »Darum sind Privatinitiativen mehr denn je nötig!«

Frau Mutmann war auch gleich Feuer und Flamme, als sie von Hannahs Idee hörte.

»Wollt ihr euch in erster Linie an behinderte Jugendliche oder auch an Ältere wenden?«

»Jugendliche«, sagte Hannah.

Alex dachte an seinen Vater. Wenn er einen Hund zu versorgen hätte, würde er vielleicht aus seiner Depression herauskommen. Und, na ja, er hätte auch ganz gerne einen Hund. Aber er sagte nichts.

Doch Frau Mutmann konnte Gedanken lesen. Da muss ich noch einmal mit Hannah sprechen, dachte sie, aber sie sagte nur: »Ich stelle mich auch vor ein Kaufhaus. Dilara wird mir bestimmt ihren Hund leihen. Vielleicht kommt sie sogar selbst mit.«

Hannah und Alex sahen sie erstaunt an.

»Ja, was glaubt ihr denn? Ich will nicht nur reden, sondern auch etwas tun!«

Dilara war ebenfalls von dem Plan begeistert. Seitdem sie ihren Hund hatte, verlief ihre Krankheit ruhiger und weniger aggressiv. Ihr Arzt hatte das mit Erstaunen festgestellt.

»Du hast den Hund erst eine Woche, und schon sehen deine Beine viel besser aus. Das Hautbild ist ruhiger, die Narben sind trocken!«

Dilara begriff das zwar auch nicht, aber mit Dorothee war sie einfach entspannter. Vielleicht wirkte sich das positiv auf ihre Krankheit aus? Sie hatte jedenfalls bei Philipp gesehen, dass er viel weniger epileptische Zuckungen hatte, wenn er ihren Hund streichelte.

»Vielleicht solltest du auch so einen Hund haben?«, hatte Dilara gemeint. Aber Philipp hatte den Kopf geschüttelt. »Ich komme lieber zu dir. Dann habe ich außer Dorothee auch noch dich. Das ist doch viel schöner!«

Dilara konnte ihm darauf nicht direkt antworten, deswegen sagte sie zu Dorothee: »Weißt du, dass Philipp es faustdick hinter den Ohren hat? Der hat an einer nicht genug, er will uns gleich alle beide!«

Philipp wollte protestieren, aber wenn er nervös wurde, fehlten ihm oft die Worte. Er sah Dilara an, und sie lächelte.

»Komm«, sagte sie dann, »wir fahren zu Frau Mutmann. Die hat heute die Flyer bekommen. Ich bin gespannt, wie die aussehen!«

Während der Busfahrt konnte Dorothee beweisen, dass sie mehr als ein hübsches Kuscheltier war. Der Busfahrer hatte geduldig die Rampe ausgefahren, sodass die beiden mit ihren Rollstühlen gut in den Bus fahren konnten. Als sie ihren Platz eingenommen und die Bremsen der Stühle festgestellt hatten, sprach sie plötzlich jemand von der Seite an.

»Wen haben wir denn hier? Eine hübsche kleine Türkin auf Rädern!«

»H-h-haut ab«, stotterte Philipp.

»Ach je, und einen kleinen Idioten hat sie sich auch noch geangelt«, spottete der andere Junge und gab Philipps Rollstuhl einen Schubs.

»Ihr dahinten«, sagte der Fahrer durch sein Mikrofon, »lasst die beiden in Ruhe!«

Ein Ehepaar sah irritiert auf und blickte dann wieder nach draußen. Die beiden Jugendlichen sahen nicht aus, als wenn man sich mit ihnen anlegen sollte.

»Schnauze!«, sagte der Größere der beiden, und zu Dilara gewandt sagte er: »Du bist ja nicht viel mehr als eine Handvoll. Dich würde ich gerne mal so richtig verwöhnen. Das kann der doch nicht.« Er machte eine wegwerfende Bewegung zu Philipp.

Da stand Dorothee auf und knurrte.

»Ach je«, sagte er, »was für ein niedlicher Spielzeughund! Ist der echt?«

Dorothee war echt, und sie mochte es gar nicht, wenn Fremde ihrem Frauchen zu nahe kamen.

Der Elo sprang auf Dilaras Schoß, packte den Angreifer an seiner Jacke und beutelte den Arm hin und her. So, wie er es in seiner Ausbildung gelernt hatte. Dabei ließ er ein ziemlich bedrohlich klingendes Knurren hören.

Der andere Junge wich zurück.

»Nimm das Biest weg!«, rief sein Freund.

Dilara hatte sich inzwischen von ihrem Schrecken erholt.

»Dorothee, aus!«, sagte sie. Der Elo sah sein Frauchen zweifelnd an, gehorchte aber. Seine Zähne zeigte er weiterhin.

Dilara hatte nicht gewusst, dass ihr kleiner Elo, ihre Dorothee, so gefährlich aussehen konnte.

»Das ist ja ein gemeingefährliches Tier!«, rief der Junge. »Dem gehört ein Maulkorb verpasst.« Er wies auf einen Riss in seiner Jacke.

Der Busfahrer hatte inzwischen gebremst und kam nach hinten. Er drückte auf den Knopf, sodass die Tür aufging.

»Raus, ihr beiden! Noch ein Wort, und ich rufe die Polizei. Schämt ihr euch nicht?!«

Die beiden machten, dass sie wegkamen. Erst als sie weit genug vom Bus entfernt waren, machte der Größere von ihnen noch eine obszöne Handbewegung.

»Da hast du aber einen tollen Hund«, sagte der Fahrer zu Dilara. »So gefährlich sieht er überhaupt nicht aus.«

»Ist er auch nicht«, sagte Dilara stolz. »Er ist übrigens eine sie. Und sie ist unsere Beschützerin!«

Der Busfahrer nickte und ging wieder zu seinem Platz.

»A-a-auf mich haben sie nicht gehört«, sagte Philipp und sah ganz unglücklich zu Dorothee.

»Die hätten auf niemanden gehört«, sagte Dilara nüchtern. »Solche Typen hören nicht, die müssen fühlen, dass es ihnen an den Kragen geht.«

»Meinst du, Dorothee hätte ihn gebissen?«

Dilara zuckte mit den Schultern. »Keine Ahnung. Aber sie hat auf jeden Fall bewiesen, dass sie kein Spielzeughund ist.«

»Das kann man wohl sagen«, bestätigte Philipp und streichelte die kleine Hündin. »So klein und so viel Mut!«

»Um mutig zu sein, braucht man ja nicht groß zu sein«, meinte Dilara.

9. Kapitel

Die Flyer sahen großartig aus. Es gab ein Foto von Hannah und Bob. Und in leuchtend roter Schrift wurde zu Spenden aufgerufen, die behinderten Menschen helfen sollten, einen Elo als Helfer und Begleiter zu bekommen.

Hannah hatte sich den Text zusammen mit Alex ausgedacht: »Aufgrund der guten Ausbildung ist dieser pflegeleichte Begleithund für Jung und Alt geeignet. Und glauben Sie mir, die Verantwortung für einen lieben Kameraden gibt Lebensmut und Kraft. Ist es nicht das, was wir brauchen? Helfen Sie! Geben Sie einem Behinderten den Kameraden, der sein Leben erleichtern, wenn nicht sogar retten kann!«

Am zweiundzwanzigsten Dezember stand Hannah mit Bob und Alex vor dem überdachten Eingang des größten Kaufhauses der Stadt. Sie hatten nicht gedacht, dass so viele Menschen sie kennen würden. Ihre Sammelbüchsen waren bald voll, und immer wieder musste Hannah auch Autogramme geben. Die Menschen baten sie, ihren Namen auf den Flyer zu schreiben.

»Wie können wir helfen?«, fragten sie Alex und Hannah oft, und Hannah merkte, dass die Mädchen am liebsten Alex helfen wollten.

»Fragt bei der Krankenkasse an, wer eure Hilfe braucht«, sagte Alex sachlich. »Es gibt so viele junge und alte Menschen, die durch ihre Behinderung nicht mehr aus dem Haus kommen. Geht einfach zu ihnen und fragt sie, was ihr tun könnt! Viele wollen einfach nur reden, sie wollen, dass jemand zuhört!«

»Und vergesst nicht, Hilfe kostet Geld«, meldete sich dann Hannah wieder zu Wort. »Wenn ihr zu beschäftigt seid, jeder Euro hilft.«

Mittags kam der örtliche TV-Sender und hatte gleich eine Visagistin mitgebracht.

»Ein wenig Puder auf die Wangen, das kann nicht schaden«, sagte die Make-up-Expertin. »Ihr seht ein wenig verfroren aus. Ist ja auch kein Wunder bei dem Wetter. Und man gibt lieber, wenn das schlechte Gewissen auf der warmen Couch nicht zu groß ist. Schließlich ist in ein paar Tagen Weihnachten.«

»Die richtige Verpackung ist wichtig«, sagte der Reporter, »dann werden die Portemonnaies gleich viel schneller geöffnet.«

Die gleiche Erfahrung machten auch Frau Mutmann und Dilara vor dem Eingang einer großen Einkaufspassage. Die Menschen gaben gerne, und wenn Dilara mit Dorothee schmuste, dann wurden die Handys gezückt, weil das so ein anrührendes Motiv war.

Auch zu ihnen kamen der Reporter und die Visagistin.

Frau Mutmann erzählte von ihrer Schule: »Wir haben so

viele Jugendliche, die fast nie in eine Disco kommen, die nur noch mit Behinderten zusammen sind. Es täte beiden Seiten gut, wenn sie das Leben des anderen kennenlernen würden beziehungsweise wieder daran teilnehmen könnten. Der Mensch ist doch mehr als seine Behinderung!«

Dilara sah mit ihren Korkenzieherlocken und dem blauen Stirnband wie eine orientalische Prinzessin aus. Auf ihrem Schoß saß Dorothee, und sie sah jeden, der sich dem Rollstuhl näherte, aufmerksam an.

Dilara erzählte, dass ihr Elo sie und Philipp im Bus vor zwei unangenehmen Jugendlichen beschützt hatte.

»Was sind das für Menschen«, entrüstete sich der Reporter.

»Ach, die wollten einfach ihren Spaß«, sagte Dilara. »Sie vergessen nur, dass das für mich und Philipp kein Spaß war. Wir fühlen uns in solchen Situationen sehr hilflos!«

»Spenden Sie für all die Menschen, die sich ebenfalls hilflos fühlen«, übernahm Frau Mutmann das Wort. »Geben Sie den Behinderten einen vierbeinigen Kameraden!«

»Wo ist Philipp?«, fragte ein Zuschauer des TV-Programms von Markus Rauch.

»Er hat sich erkältet«, sagte Dilara. »Sein Arzt hat ihm nicht erlaubt, bei unserer Aktion heute mitzumachen.«

Nach den Aufnahmen trafen Hannah, Alex, Frau Mutmann und Dilara sich in einem Coffeeshop. Als sie hereinkamen, begann jemand zu klatschen, und die anderen Gäste fielen ein. Alex errötete. Es war ihm peinlich, so in der Öffentlichkeit zu stehen. Die Mädchen fanden es eher spannend.

»Mir ist ganz schön kalt«, sagte Dilara. »Ich frage mal, ob sie hier unsere Wärmflaschen mit neuem heißem Wasser füllen können.«

Natürlich konnte man das.

Dann kam der Geschäftsführer auf sie zu. »Alles, was ihr trinkt und esst, geht auf meine Kosten«, sagte er mit so lauter Stimme, dass es jeder hören konnte. »Wäre doch gelacht, wenn wir nicht ein wenig zum guten Zweck beitragen könnten!«

Die Bedienung, ein junges Mädchen mit Pferdeschwanz, brachte ihnen, was sie haben wollten, und steckte dabei auch noch Geld in die Sammelbüchsen.

Alex sah auf seinen Kaffee und den Bagel, den er bestellt hatte.

»Ich weiß nicht, mir schlägt der Rummel irgendwie auf den Magen. Viele wollen doch einfach nur ihr Gewissen erleichtern.«

Hannah legte ihre Hand auf seine.

»Lass dir bloß nicht den Appetit verderben«, sagte sie. »Wir müssen ein dickes Fell haben, wenn wir helfen wollen.«

Es war gut, dass Frau Mutmann dabei war.

»Es ist doch so«, sagte sie, »dass wir genau wissen, warum wir das hier durchziehen. Wir wollen anderen Behinderten helfen. Jetzt im Moment wollen wir noch ein paar Elos kaufen. Aber das ist ja nicht wirklich unser Ziel.«

»Was ist denn unser Ziel?«, fragte Dilara.

Frau Mutmann sah sie nachdenklich an. Am liebsten hätte sie gesagt: die Behinderung so anzunehmen, wie du das geschafft hast. Und jetzt hast du auch noch den Elo! Einen Hund, der dir die Zärtlichkeit und Aufmerksamkeit gibt, die du so bitter nötig hast.

Aber das sagte sie nicht.

Sie sagte: »Den gesunden Menschen die Augen zu öffnen. Eine Behinderung kann von einem Augenblick zum anderen kommen.« Sie sah zu Alex. »Du weißt das am besten.«

Alex nickte. »Ihr habt ja recht. Also dann: Guten Appetit!«

Heike Helm hatte zurzeit noch drei Elos, die ihre Ausbildung als Begleithunde abgeschlossen hatten.

Sie brachte die Hunde noch am gleichen Abend zu Frau Mutmann. »Die drei warten jetzt auf ihre Aufgabe. Ihre Ausbildung war nur auf das Ziel ausgerichtet, ein geeigneter Partner für einen besonderen Menschen zu sein.«

»Ich denke, wir haben drei Behinderte, für die dies Weihnachten ein ganz besonderes Fest wird.«

Die tragischste Geschichte war die von Yvonne Schweiger. Sie war seit fast einem Jahr in einer Rehabilitationsklinik.

Frau Mutmann hatte von dem Chefarzt dort gehört, dass bei Yvonne kaum eine Möglichkeit bestand, jemals wieder in das berufliche oder gesellschaftliche Leben integriert zu werden.

»Das siebzehnjährige Mädchen ist schwer traumatisiert. Sie hat bei einem Autounfall ihre Eltern verloren. Und sie leidet unter enormen Schuldgefühlen. Ihr Psychologe kommt nicht weiter. Sie sagt, dass ihr Vater die Kontrolle über den

Wagen verloren hat, weil sie und ihre Mutter lautstark gestritten haben.« Das hatte der Arzt zu Frau Mutmann gesagt.

»Ich kann mir das nicht vergeben«, sagte Yvonne. »Und jetzt liege ich hier und kann mich nicht rühren. Das ist meine gerechte Strafe!«

»Du könntest dich bewegen, aber du hast eine Blockade. Organisch wäre es möglich«, sagte ihr behandelnder Arzt Doktor Kassen.

Eine Therapeutin behandelte jeden Tag ihre Beine und Arme, die fast normale Reflexe zeigten, aber trotzdem sackte Yvonne wie eine Stoffpuppe in sich zusammen, wenn sie stehen sollte.

»Ein psychische Lähmung«, sagte Doktor Kassen zu Frau Mutmann. »Das Mädchen könnte eigentlich laufen. Aber sie hat nichts und niemanden, für den es sich lohnt. Das glaubt sie zumindest.«

Am nächsten Morgen trafen sich Alex und Hannah bei Frau Mutmann. Alex' Vater wollte sie und den Elo zur Rehabilitationsklinik fahren. Eigentlich waren Tiere in der Klinik verboten, aber in diesem Fall machten sie eine Ausnahme.

»Ich bin nicht sicher, ob das eine gute Idee ist«, sagte Doktor Kassen. »Das Mädchen ist gefangen in ihrer Welt von Schuld und Ohnmacht. Und daraus soll ein Hund sie befreien können?«

Yvonne lag in ihrem Bett am Fenster und sah mit leerem Blick nach draußen. Es hatte über Nacht geschneit, und der Park vor der Klinik hatte sich in eine weiße Märchenwelt verwandelt. Tot, dachte Yvonne, alles Leben ist unter dem weißen Tuch erfroren. Das Vogelhäuschen vor ihrem Fenster hatte eine weiße Mütze auf, und auf allen Zweigen und Ästen blühten ungewöhnliche Schneeblumen. Ein kleines Rotkehlchen aber trotzte der Kälte. Es trippelte auf dem Futterplatz vor dem Vogelhäuschen hin und her. Yvonne richtete sich auf. Man sollte für die Vögel Fettringe aufhängen, dachte sie. Warum denkt denn niemand daran? So ein kleines Tier, das braucht doch unsere Hilfe, um in der Kälte überleben zu können!

Sie sackte zurück auf ihr Bett. Die Schwester hatte sie heute Morgen nach dem Waschen in ein anderes Zimmer gefahren.

Sie hatte sie gefragt: »Warum in dies Zimmer? Das sieht ja aus wie ein Wohnzimmer.«

»Du bekommst Besuch, und dies ist unser Besucherzimmer«, hatte die Schwester gesagt.

»Besuch? Es gibt niemanden, der mich besuchen könnte!«

Die Schwester hatte noch einmal ihr Kissen aufgeschüttelt, ihr über die Wange gestrichen und war gegangen.

Wer sollte sie besuchen? Sie waren erst kurz vor dem Unfall von Bremen nach Hannover gezogen, und sie hatte hier noch keine Freundinnen gefunden. Warum bin ich nicht mit meinen Eltern gestorben?, hatte sie im letzten Jahr so oft gedacht. Aber viel weiter war sie mit ihren Gedanken nicht gekommen. Es war wohl die gerechte Strafe, dass sie den Rest ihres Lebens hier lag und Löcher in die Decke starrte. Dunkle Löcher, die größer und größer wurden.

Das Rotkehlchen war seit langer Zeit das erste Wesen, das ihre Aufmerksamkeit fesselte. Ich habe lange keine Vögel mehr gesehen, überlegte Yvonne.

Ich sollte der Schwester sagen, dass sie Fettringe aufhängt. Aber sie dachte es nur. Es war, als koste es sie zu viel Energie, einen Gedanken in die Tat umzusetzen.

Auf dem Parkplatz hielt ein kleiner Bus. Ein Mann half zwei Rollstuhlfahrern, über eine Rampe nach draußen zu fahren. Beide hatten einen Hund dabei.

Sie kamen auf die Klinik zu und verschwanden aus ihrem Blickfeld. Sie suchte das Rotkehlchen. Es hatte sich fast ganz in das Vogelhäuschen zurückgezogen. Yvonne zog die Decke höher.

Dann klopfte es an ihrer Tür.

»Ja«, sagte sie und richtete sich etwas auf.

Die beiden Rollstuhlfahrer kamen herein. Der Mann, der ihnen beim Aussteigen geholfen hatte, war nicht dabei.

»Guten Tag«, sagte Hannah, »ich bin Hannah Heimann, und das ist mein Freund Alex.«

Alex fuhr auf Yvonnes Bett zu und gab ihr die Hand.

»Und das ist Bob!«, sagte Hannah.

»Schönes Tier«, sagte Yvonne und sah zu dem anderen Hund.

»Wie heißt dein Hund?«, fragte sie Alex.

»Das ist nicht mein Hund«, sagte Alex.

»Ach so?«

Alex strich sich durch sein dunkles Haar. Er fand diesen Teil der Aktion am schlimmsten. Wie sagte man, dass man gerade Weihnachtsmann spielte?

Hannah ergriff das Wort. »Kennst du mich aus dem Fernsehen?«

Yvonne schüttelte den Kopf. Die ganzen Seifenopern, Filme und Diskussionsprogramme konnten ihr gestohlen bleiben. Sie interessierten sie nicht. Sie hatten nichts mit ihrem Leben zu tun. Ihr Leben war vor einem Jahr gegen einen Baum geprallt, und es waren nur noch Trümmer übrig geblieben. Sie war ein Teil von den Trümmern.

Der zweite Elo hatte die ganze Zeit aufmerksam von Hannah zu Alex geschaut und dann zu Yvonne. Und dann war ihm klar geworden, was er hier sollte. Sein großer Tag war da. In dem Bett lag sein Frauchen.

Er ging sehr aufrecht mit gespitzten Ohren zu Yvonnes Bett und setzte sich. Seine braunen Teddybäraugen suchten ihren Blick.

Yvonne sah ihn erstaunt an.

»Was will denn dein Hund von mir?«, fragte sie Alex.

»Das ist nicht mein Hund«, wiederholte Alex und sah ein wenig hilflos zu Hannah. Nun sag schon etwas, bat er schweigend.

Der Elo richtete sich auf und legte eine Pfote zur Begrüßung auf Yvonnes Bett.

Sie richtete sich ebenfalls auf und legte zögernd ihre Hand auf seine Pfote. Sie war weich und warm.

»Hallo, wer bist denn du? Wem gehörst du denn?«

Das war Hannahs Stichwort. Während sie Bob streichelte, erzählte sie kurz ihre Geschichte.

»Ich dachte, im Rollstuhl ist für mich das Leben zu Ende. Aber da gab es Menschen, die sich um mich kümmerten.« Das klingt alles so steif, dachte sie, warum ist es so schwierig, über ganz normale Dinge zu reden? Über Hilfe annehmen zum Beispiel.

»Jetzt geht es mir besser, und wir finden«, sie wies erst auf Alex und dann auf sich, »dass wir uns ein wenig um andere kümmern sollten.«

Yvonne schwieg. Was sollte sie auch sagen? Sie wollte kein gutes Werk zu Weihnachten. Um sie brauchte sich niemand zu kümmern. Und außerdem, was wussten die beiden schon von ihrer Geschichte?

Der Elo an ihrem Bett blaffte freundlich und legte seine zweite Pfote auf die Bettdecke.

»Also, wenn du willst, wird das dein Hund«, schloss Hannah ihren Bericht. Es war schwierig, zu reden, wenn man nicht das Gefühl hatte, dass der andere einem überhaupt zuhörte.

Yvonne hörte ihr tatsächlich nur mit einem Ohr zu, ihre Aufmerksamkeit richtete sich mehr und mehr auf den Hund, der sie unentwegt ansah. Was für ein schönes Tier. Und wie er sie ansah, so, als würde er jedes Wort verstehen.

»Ich kann das nicht«, sagte sie dann und versuchte, den Hund von ihrem Bett zu schieben. »Ich kann keinen Hund versorgen.«

Das war das Stichwort für die Schwester.

Sie öffnete die Tür.

»Darf ich kurz stören?«

Sie zog einen Stuhl heran und setzte sich neben Yvonnes Bett.

»Ich habe die Sendung von Markus Rauch gesehen. Besonders der Teil mit den Elos hat mich sehr interessiert. Es ist schon großartig, was diese Tiere alles können. Mich hat es richtig begeistert, dass diese Hunderasse unter so strengen Vorgaben gezüchtet wurde und der Elo so gelehrig ist. Und dann ist er auch noch ausgesprochen pflegeleicht.«

»Ein Hund bleibt ein Hund«, sagte Yvonne. »Er muss versorgt werden. Was soll jemand wie ich mit einem Hund? Ich brauche selbst ständig Hilfe.«

»Solange du noch nicht mit ihm nach draußen gehen kannst, will ich das übernehmen«, sagte die Schwester. »Ich wohne ja nur fünf Minuten von der Klinik entfernt und habe selbst einen Hund. Den muss ich auch ausführen.«

Yvonne sah sie skeptisch an.

Vielleicht mag Yvonne gar keine Hunde, dachte Hannah.

»Ich denke, wir sollten es mal versuchen«, sagte Alex. »Wenn du in einem Monat noch immer nicht überzeugt bist, holen wir den Elo wieder ab. Ist das ein Deal?«

»Meinetwegen«, sagte Yvonne, »aber ich glaube nicht, dass das viel Sinn macht.«

Noch am gleichen Tag holten sie den zweiten Elo bei Frau Mutmann ab. Er sollte zu einem blinden Jungen. Beim letzten Jahreswechsel hatte er mit Feuerwerkskörpern gespielt. Ein Knaller war vorzeitig explodiert und hatte seine Augen beschädigt. Das eine Auge war gar nicht mehr zu retten gewesen, das andere war schwer verletzt. Er war jetzt zu neunzig Prozent blind und konnte nur noch hell und dunkel unterscheiden.

Seine Familie war auf Hartz IV angewiesen und konnte sich kein Haustier leisten. Frau Mutmann hatte im Vorfeld schon mit den Eltern gesprochen.

»Kevin hätte sicher sehr gerne einen Hund, aber wir können uns das nicht leisten. Die Krankenkasse zahlt doch immer weniger zur Pflege dazu«, sagte der arbeitslose Bibliothekar. »Seit wir beide keine feste Arbeit mehr haben, müssen wir jeden Cent umdrehen. Mit anderen Worten, wir sind ziemlich am Ende. Wir können die Kosten für ein Haustier einfach nicht aufbringen!«

Frau Mutmann hatte ihn beruhigt. »Es werden Ihnen keine Kosten entstehen. Die übernimmt der Fonds, der nach der TV-Show gegründet wurde. Ein Notar verwaltet die Gelder. Aber Sie müssen als Eltern damit einverstanden sein, dass Ihr Sohn einen Elo bekommt.«

Die Übergabe wurde ein großes Fest.

Kevin ging in eine Blindenschule. Er hatte die Blindenschrift schnell gelernt, und man sah ihm erst mal nicht an, dass er fast blind war. Erst wenn er seine dunkle Brille abnahm, sah man die Narben um seine Augen.

An diesem Tag war er länger in der Schule geblieben, weil er bei einem besonderen Projekt mitwirkte. An seiner Schule wurde ein Aufklärungsfilm zum Thema Feuerwerkskörper gedreht. Kevin hatte gehofft, dass es ihm helfen würde, anderen von seiner Erblindung zu erzählen, aber das Gegenteil war der Fall. Je näher der Jahreswechsel rückte, umso mehr verfluchte er sich und seine Dummheit, die ihn das Augenlicht gekostet hatte.

Wie viele sind es wohl dieses Jahr?, fragte er sich. Warum kann man diesen ganzen Feuerzauber nicht verbieten? Warum hat man es mir nicht ganz einfach verboten? Er vergaß, wie oft ihn seine Eltern vor den Böllern und Raketen gewarnt hatten.

»Du hast Besuch«, sagte seine Mutter, als er endlich nach Hause kam. Ihre Stimme klang anders als sonst, stellte Kevin fest. Irgendwie fröhlicher.

»Besuch?«, fragte er.

Er hatte nach dem Unglück nur noch Tobi als Freund behalten, aber der war zu Weihnachten mit seinen Eltern aufs Land zu seiner Oma gefahren. Auf der neuen Schule hatte er sich bewusst noch keine Freunde gesucht. Freunde kosteten Geld, und das hatte er nicht.

»Das sind Hannah und Alex«, sagte seine Mutter, »sie sitzen im Rollstuhl.«

Kevin klopfte mit seinem Blindenstock den Weg zu ihnen ab und gab erst Alex und dann Hannah die Hand.

»Du hast einen Hund?«, fragte er Hannah.

Sein Geruchssinn war in den letzten Monaten immer besser geworden.

»Ja«, sagte Hannah. »Ich habe einen Elo. Ich wundere mich, dass du ihn überhaupt riechen kannst. Elos haben fast keinen Eigengeruch!«

Sie erzählte Kevin die Geschichte der Rasse. »Das sind ganz tolle Hunde. Sie haben eine jahrelange Ausbildung hinter sich und sind ausschließlich darauf trainiert, dem Menschen ein Freund zu sein.«

»Wie schön«, sagte Kevin und zog einen Stuhl mit dem Stock etwas dichter zu sich heran und setzte sich. Er lauschte. »Da ist noch ein Hund.«

Hannah sah Alex verwundert an. Sie gab dem Elo-Rüden ein Zeichen. Der Hund legte seinen Kopf schief, als müsse er kurz nachdenken, und ging dann zu Kevin. Er rieb seinen Kopf gegen Kevins Bein.

»Hallo«, sagte Kevin und streichelte ihn. »Wer bist du denn?«

»Das ist dein Hund«, sagte Hannah. »Wir haben einen Aufruf im Fernsehen gemacht, so mit einer Show und dem ganzen Tamtam, und es hat geholfen. Wir haben einiges an Geld gesammelt!«

»Mein Hund?«, sagte Kevin. »Wirklich mein Hund?«

»Klar doch«, sagte Alex.

»Aber ein Hund kostet Geld«, Kevin wandte sein Gesicht in die Richtung, in der er seine Eltern vermutete. »Können wir uns das leisten?«

»Schon alles geregelt«, sagte Hannah schnell. »Mach dir darüber keinen Gedanken. Der Hund wird aus dem Hilfsfonds bezahlt.«

Hannah sah, dass Kevin Tränen über die Wangen liefen. Er bückte sich zu dem Elo hinunter und vergrub sein Gesicht in dem weichen Fell des Tieres.

»Mein Hund, du bist mein Hund! Willst du das überhaupt? Ich kann nicht sehen, weißt du«, flüsterte er, »aber dafür kann ich umso besser fühlen. Und ich fühle, dass du ein Lieber bist!«

Der Elo leckte ihm über sein Gesicht.

Hannah hatte Mühe, nicht auch zu weinen, und Alex räusperte sich ein paarmal nachdrücklich, bevor er fragte: »Hast du schon eine Idee, wie du ihn nennen willst?«

Kevin richtete sich wieder auf, nahm seine Brille ab und wischte sich die Tränen resolut aus dem Gesicht. »Aber ich habe mir schon so lange einen Hund gewünscht, und jetzt fällt er mir genau vor Weihnachten in den Schoß!«

»Manchmal muss man eben auch Glück haben«, sagte Hannah, und weil das angesichts Kevins schwerer Verletzung irgendwie eigenartig klang, fügte sie noch hinzu: »Ich finde, du hast jetzt endlich mal Glück verdient. Und ich kann dir sagen, so ein Hund ist für mich das pure Glück!«

Kevin streichelte den Hund, ging dann auf die Knie, um mit beiden Händen Größe und Umfang des Hundes zu ertasten.

»Was für ein schöner Hund«, sagte er. »Ich glaube, ich nenne ihn Maxi. Das Maximale, was es für mich an Glück gibt. Ein Hund, nein, mein Hund namens Maxi!«

Auch Kevins Eltern hatten feuchte Augen.

»Er ist als Blindenhund trainiert«, sagte Hannah und gab

Kevin einen Merkzettel in Blindenschrift. »Hier kannst du die Befehle lesen, auf die er hört. Damit du ihm das Gleiche sagst, was sein Trainer auch zu ihm gesagt hat.«

Der letzte der drei Begleithunde kam zu Robert. Robert war querschnittsgelähmt. Er hatte mit seinen Freunden an einem See herumgealbert. Ein Ball hatte Robby unglücklich am Kopf getroffen, sodass er das Gleichgewicht verloren hatte. Beim Fall ins Wasser war er mit dem Nacken gegen den Steg geschlagen, der ins Wasser führte. Er war bewusstlos geworden, und seine Freunde hatten ihn an Land gezogen. Aber der Schlag gegen seine Nackenwirbel war schlimmer, als sie alle gedacht hatten.

Roberts Vater war Arzt. Er erklärte Alex und Hannah, dass durch die Verletzung an der Halswirbelsäule die ganze Wirbelsäule verletzt worden war. »Das Rückenmark, das die Wirbelbogen und Wirbelgelenke umfasst, wurde so stark beschädigt, dass Robby seitdem querschnittsgelähmt ist.«

Robert war gerade mit einer Pflegeschwester von einem privaten Pflegedienst im Badezimmer.

»Das ist das Schlimmste für ihn«, sagte sein Vater. »Er kann so wenige Dinge noch selbst tun. Und das alles wegen ein wenig Übermut.«

»Es kommt oft von einer Sekunde zur anderen«, sagte Alex.

Der Arzt nickte.

»Du weißt wahrscheinlich, wovon ich rede«, sagte Roberts Vater.

»Bei mir war es ein Verkehrsunfall«, sagte Alex. »Aber man denkt immer, so etwas geschieht nur anderen.«

Hannah streichelte Bob. Auch sie hatte oft gedacht, warum gerade sie so eine schmerzhafte Erkrankung haben musste.

»Ich bin froh, dass ihr erst mich angerufen habt. So konnte ich euch gleich sagen, dass ich selbst auch schon an einen Hund für unseren Sohn gedacht habe. Meine Frau und ich arbeiten inzwischen beide wieder fast Vollzeit. Wir können eine private Pflegerin bezahlen, aber Robby muss sie auch akzeptieren. Und das fällt ihm bestimmt leichter, wenn er außer seiner persönlichen Versorgung auch jemanden hat, um den er sich kümmern kann.«

Robert wurde von seiner Pflegerin in den Raum gefahren.

»So viel Besuch?«, sagte er und sah fragend von einem zum anderen.

»Das Christkind kommt für dich schon heute«, sagte sein Vater.

Sein Sohn sah ihn verständnislos an.

Hannah und Alex stellten sich vor.

»Schau mal, wen ich hier für dich habe.«

Der Arzt nahm den Hund hoch und setzte ihn auf Robbys Rollstuhl, direkt auf den Schoß seines Sohnes.

Der Flo sah Robert an.

»Was bist du denn für ein Hübscher!«, sagte Robert verblüfft.

Dann sah er fragend zu Hannah und Alex.

»Wie du siehst, sitze ich wie du im Rollstuhl. Ich habe den Hund auch geschenkt bekommen. Ein Glückstag in meinem

Leben. Diese Hunderasse können sogar wir versorgen. Sie sind besonders pflegeleicht und helfen uns, soweit es geht.«

»Sie können zwar unsere Beine nicht ersetzen, aber sie helfen uns, wo sie können«, fügte Alex noch hinzu.

»Sie haben eine besondere Ausbildung«, erklärte Hannah.

»Du meinst, das soll jetzt mein Hund sein?« Robert wendete seinen Kopf erst zu seinem Vater, dann zu Hannah und Alex. Sein Vater nickte. »Ja«, sagte er.

Die Pflegerin sagte: »Das nenne ich mal einen Glücksfall! Ich habe von den Hunden in der TV-Show bei Markus Rauch gehört. Und ich dachte gleich an Robby. Ein so gut trainierter Hund bringt doch wieder etwas Freude in das Leben. Und er kann dir auch noch helfen.«

»Wie soll er mir helfen?«, fragte Robert.

»Er bringt dir, was du ihm sagst«, sagte Hannah.

Robert sah sie zweifelnd an.

»Du musst es nur versuchen«, sagte Alex.

»Okay«, sagte Robert, »Hund, bring mir die Zeitung!« Er sah auf die Zeitung, die auf dem Stuhl am Tisch lag.

Der Elo folgte Roberts Blick, sprang vom Schoß, lief zum Stuhl und schnappte sich die Zeitung. Er sah sein neues Herrchen fragend an.

Robert ging der Blick durch Mark und Bein.

»Ja, Hund, bring«, wiederholte er.

Und der Hund gehorchte. Er brachte ihm die Zeitung.

»Ich finde, dass du ihm einen Namen geben solltest«, sagte Hannah. »*Hund* klingt sehr eigenartig.«

Robert musste lachen.

10. Kapitel

Zu Silvester kam Alex zu Hannah. Er sollte im Gästezimmer schlafen.

»Ich möchte deinem Vater nicht zumuten, dich mitten in der Nacht abzuholen«, hatte Hannahs Mutter gesagt.

Alex war das mehr als recht. So konnten seine Eltern bei Freunden feiern. In der letzten Zeit tauchte sein Vater mehr und mehr aus seiner Depression auf. Er hatte durch die Elos mehr zu tun bekommen, hatte sie zu den behinderten Jugendlichen gefahren und immer öfter gehört und gesehen, dass es im Leben für Gesundheit keinen Garantieschein gab. Er konnte eigentlich froh sein, dass es seinem Sohn so gut ging.

»Ob die Leute wissen, wie schlimm diese Ballerei für Tiere ist?«, fragte Hannah sich laut, während sie sich Puderzucker von der Oberlippe wischte. Ihre Mutter hatte Krapfen gebacken.

»Und wie sehr diese Dinger die Umwelt verschmutzen«, sagte Alex. Sein Blick folgte einer roten Rakete, die am Himmel explodierte.

»Und wie viele Verletzte es heute wieder in der Notaufnahme geben wird«, meinte Hannahs Mutter. »So wie Kevin, von dem du mir erzählt hast.«

Hannah nickte. »Ja, schrecklich!«

Sie dachte nach und sagte dann: »Ich begreife das irgendwie nicht. Rauchen ist in Restaurants und Kneipen verboten. Warum kann man nicht auch das Feuerwerk verbieten? Jedes Jahr gibt es so viele Verletzte, und die, die nicht verletzt werden, müssen die Luftverschmutzung ertragen. Kann mir einer erklären, warum das Feuerwerk nicht einfach verboten wird?«

»Ich habe heute Vormittag noch ein bisschen im Internet gesurft«, sagte Alex. »Der Besuch bei Kevin hat mich dazu gebracht.«

»Und, was hast du gefunden?«, fragte Hannah.

»Lärm, Feuerwerk und Alkohol gehören anscheinend einfach zu Silvester dazu.« Alex holte tief Luft. »Als ob niemand daran denken will, dass gerade diese Ausgelassenheit viele Gefahren mit sich bringt. Aber es gibt auch Städte, in denen Feuerwerk nicht erlaubt ist!«

»Ehrlich? Wo denn?«

»Zum Beispiel in Augsburg. Da ist es wegen der Brandgefahr in der Innenstadt verboten. Auch in der Nähe von Kirchen, Krankenhäusern, Kinder- und Altenheimen darf nicht geknallt werden.«

»Das ist ja ganz schön«, sagte Hannah, »aber um die Tiere geht es nirgends.«

»In vielen Innenstädten ist ein Feuerwerk verboten«, sagte Hannahs Vater. »Aber da dreht es sich auch immer nur um den Brandschutz. Die alten Gebäude brennen wie Zunder. Da hat der Denkmalschutz sich durchgesetzt!«

»Also sind alte Häuser wichtiger als Tiere?«

»Komm«, sagte sie zu Alex, »wir gucken mal, ob es irgendwo einen Fall gibt, wo ein Feuerwerk auf Rücksicht auf die Tiere verboten wird.«

Sie fuhren beide in Hannahs Zimmer, wo ihr Computer stand.

Sie fanden einen Kommentar des Tierschutzvereins:

Für Haustiere und auch für frei lebende Wildtiere ist die Knallerei zu Silvester alles andere als ein Spaß. Die ungewohnt lauten Geräusche versetzen die Tiere in Panik und machen den Vierbeinern den Jahreswechsel zur Qual. Der Tierschutzverein rät, auf die Silvesterknallerei zu verzichten. Für Tierbesitzer gilt: Haustiere brauchen in der Silvesternacht besondere Aufmerksamkeit. Am Silvesterabend sollten Türen und Fenster geschlossen sein, gegebenenfalls können auch Rollos heruntergelassen werden, um den Lärm zu dämpfen.

Tiere brauchen Ruhe. Die Knallerei bedeutet Stress für sie. Wer sein Tier liebt, sorgt in der Silvesternacht für einen ruhigen Ort, an den es sich zurückziehen kann, und verzichtet selbst auf Feuerwerk.

Generell sollte sich jeder fragen, ob es sinnvoll ist, Unsummen von Geld für Feuerwerkskörper auszugeben. Man kann das Geld auch an gemeinnützige Einrichtungen, wie z. B. den Tierschutzverein, *spenden.*

»Ja«, sagte Alex, »das ist eigentlich deutlich. Aber glaubst du wirklich, dass alle Tierhalter sich an diese Hinweise halten?«

»Nein, natürlich nicht!« Hannah runzelte nachdenklich ihre Stirn. »Ich habe keine Ahnung, wie die Elos den Krach überstehen. Ich habe Bob nicht auf den Krach vorbereitet.«

»Das sind besonders ausgebildete Hunde«, meinte Alex. »Die dürfen sich ja auch auf der Straße nicht erschrecken, wenn vor ihnen mal ein Auto eine Fehlzündung hat.«

»Ich rufe Yvonne, Kevin und Robby an. Besonders der Hinweis, sich mit den Tieren in einen möglichst ruhigen Raum zurückzuziehen, erscheint mir wichtig.«

Nach den Telefonaten beschlossen Hannah und Alex, noch einmal mit Bob nach draußen zu gehen.

»Eigenartig«, spann Hannah laut ihre Gedanken über das Feuerwerk weiter, »alle Welt redet von der Klimaerwärmung, aber zu Silvester ist das alles vergessen. Da kauft man für viel Geld Feuerwerkskörper, die nach einigen Minuten des Lärmens, Rauchens oder Leuchtens verbrennen.«

»Wir können die Welt nicht ändern«, sagte Alex.

Bob blieb stehen und hob an einem Baum sein Bein.

Ein Feuerwerkskörper explodierte dicht vor ihnen. Bob erschrak, setzte sich dann aber beschützend vor Hannahs Rollstuhl.

Eine Katze hatte weniger Glück. Fast zu Tode erschrocken, rannte sie panisch im Zickzack über die Straße und verschwand schließlich im Gebüsch.

»Lass uns bloß reingehen«, sagte Hannah.

»War es schlimm?«, fragte Hannahs Mutter, als die beiden wieder im Haus waren. Sie fand, dass Alex und Hannah ein wenig blass aussahen.

Alex erzählte Hannahs Mutter von der Katze.

Frau Heimann seufzte.

»Ich bin froh, dass ihr wieder heil hier drinnen seid.« Sie strich Bob über den Kopf.

Den Rest des Abends verbrachten sie mit Computerspielen und vor dem Fernseher. Die Jahresrückblicke zeigten oft besondere Schicksale.

Hannah meinte: »Für mich war es ein ganz besonderes Jahr! Und dass das nächste Jahr schmerzfrei wird, das hätte ich vor zwölf Monaten nicht zu träumen gewagt. Ich hoffe, dass unsere Aktion mit den Elos auch anderen geholfen hat. Bei Yvonne, Kevin und Robby bin ich beinahe überzeugt, dass ein Hund ihr Leben erträglicher machen wird.«

»Meinem Vater haben die Elos jedenfalls geholfen. Nicht so sehr die Hunde selbst, sondern die Treffen mit den anderen Jugendlichen. Es gibt so viele Schicksale, die unter die Haut gehen. Aber natürlich darf man nicht denken, dass für jeden körperlich Behinderten ein Elo das Zaubermittel ist.«

»Er kann vielleicht die Kraft mobilisieren, das Beste aus dem Leben zu machen.« Hannah dachte daran, wie sehr ihr Bob geholfen hatte, den Weg zurück in ein normales Leben zu finden. Für sie gehörte der Rollstuhl jetzt zu ihrem Leben dazu.

Als die Knallerei vorbei war und sie sich alle ein gutes neues Jahr gewünscht hatten, fuhren Hannah und Alex wieder in Hannahs Zimmer.

»Ich habe übrigens noch eine Neuigkeit für dich«, sagte Alex.

Hannah sah ihn fragend an.

»Das Material der letzten Prothesen, das ich ausprobiert habe, hat keine Reaktion ausgelöst.«

Hannah schluckte. »Bedeutet das …?«

»Ja«, sagte Alex. »Im Januar werden mir wieder einmal Prothesen angepasst. Ich bin gespannt, ob es diesmal klappt.«

»Das wäre total cool«, sagte Hannah. Mit Prothesen würde Alex viel beweglicher sein. Niemand würde ihm so schnell anmerken, dass er ein körperliches Handicap hatte.

Ob er dann auch die Schule wechseln würde? Aber das wollte sie ihn jetzt nicht fragen.

11. Kapitel

Hannah freute sich, alle ihre Mitschüler nach Silvester wiederzusehen.

Das ist vielleicht einer der größten Unterschiede zu einer normalen Schule, dachte Hannah. Da gehen doch alle eher widerwillig zum Unterricht. Sogar Kyra hatte am Sonntag, als sie vorbeikam, um Hannah ein gutes neues Jahr zu wünschen, gesagt: »Zu blöde, jetzt geht das frühe Aufstehen wieder los, und dazu jeden Tag der Stress in der Schule!«

Hannah hatte nichts gesagt. Ich habe mich verändert, hatte sie gedacht. Früher hätte ich Kyra wahrscheinlich zugestimmt. Jetzt möchte ich am liebsten sagen, dass wir froh sein können, dass wir Unterricht bekommen. In vielen Ländern ist das nicht selbstverständlich. Viele Eltern können den Unterricht nicht bezahlen. Und ein Schulbesuch für behinderte Kinder ist oft gar nicht möglich.

Aber auch das sagte sie nicht.

Frau Mutmann wünschte allen Schülern ein gutes neues Jahr.

»Was wünscht ihr euch am meisten?«, fragte sie.

Hannah war beinahe überzeugt, dass alle Mitschüler dachten: Gesundheit, Frieden. Sie sah kurz zu Alex. Er wünschte sich bestimmt, dass seine neuen Prothesen keine allergische Reaktion auslösen würden. Und dann?, dachte sie wieder.

»Ich wünsche mir«, sagte Dilara, »dass viele so glücklich werden, wie ich es durch Dorothee geworden bin.«

Ihr Hund hatte es sich neben ihrem Rollstuhl bequem gemacht, spitzte aber die Ohren, als er seinen Namen hörte.

Frau Mutmann konnte nur schwer ihre Rührung verbergen. Da saß dieses Mädchen, das schon so viele Schmerzen zu ertragen hatte, und sagte, dass sie glücklich sei.

Philipp empfand das anscheinend genauso, denn er nahm Dilaras Hand, und seine Augen glänzten.

»Ich habe heute vor, mit euch über Gandhi zu sprechen. Wer von euch hat noch nie etwas von ihm gehört?«

Hannah sah sich um. Niemand meldete sich, also hatten sie alle schon etwas von dem Rechtsanwalt und Führer der indischen Unabhängigkeitsbewegung gehört.

»Mit seinen Weisheiten kann man ganze Zimmer tapezieren«, sagte Philipp.

»Kannst du mir eine nennen?«, fragte Frau Mutmann.

Philipp errötete. Hätte er doch den Mund gehalten! Er sah zu Dilara.

»Nun?«, fragte Frau Mutmann. »Ich beginne mal mit einer, die auf alle zutrifft und über die wir lange reden können: Sei du selbst die Veränderung, die du dir wünschst für diese Welt.«

Die Schüler dachten über den Spruch nach. Alex dachte an Hannah. Wie sehr hatte sie sich gegen ihre Behinderung gesträubt, und dann hatte sich alles verändert, weil Kyra eine Broschüre über Elos bei ihr hatte liegen lassen. Hannah hatte neuen Mut geschöpft. Und dann Dilara, Yvonne, Kevin und Robert. Und sogar sein Vater. Wie würde er darauf reagieren, wenn er die neuen Prothesen wieder nicht vertrug? Aber daran wollte Alex nicht denken. Er war froh, dass seine Cousine seit gestern bei ihnen zu Besuch war. Mit ihrer unbekümmerten Art brachte Charlotte Fröhlichkeit ins Haus.

»Charlotte hat bisher immer auf der Sonnenseite des Lebens gestanden«, hatte er seine Mutter sagen hören. »Sie hat keine Ahnung, dass das nicht selbstverständlich ist.«

»Auf jeden Fall ist es angenehm, einmal keinen Plan zu haben«, hatte Alex zu ihr gesagt. »Bei uns dreht sich immer alles um mich und meine Prothesenunverträglichkeit. Kannst du dir vorstellen, was das für eine Belastung ist?«

»Nein«, hatte Charlotte ehrlich gesagt. »Stimmt es, dass du vielleicht wieder laufen kannst? Das hat dein Vater gesagt, als er mich vom Zug abgeholt hat.«

Alex hatte die Schultern hochgezogen.

»Ich kann nicht in die Zukunft sehen. Kann natürlich keiner. Aber ich lebe jetzt und heute. Ich will gar nicht mehr wissen, was noch alles geschehen wird.«

»Ich glaube, ich möchte mal mit in deine Schule«, hatte Charlotte gesagt. »Vielleicht kann ich einen Aufsatz über deine Schule schreiben. Und Hannah will ich auch kennenlernen. Denkst du, sie wird mich mögen?«

»Warum soll sie dich nicht mögen? Hannah ist toll. Ohne sie würde auf unserer Schule manches anders sein.«

»Oh«, hatte Charlotte gesagt, »ich glaube, ich verstehe!«

Das glaube ich nicht, dachte Alex, aber er sagte nichts. Das war etwas zwischen ihm und Hannah.

»Wo Liebe wächst, gedeiht Leben«, sagte Philipp und stotterte nicht ein einziges Mal. »Wo Hass aufkommt, droht Untergang! Die sind beide von Gandhi.«

Frau Mutmann nickte. Sie sah aus den Augenwinkeln, dass jetzt Dilara rot wurde. Sie musste sich ein Lächeln verkneifen.

Sie sagte: »Ich persönlich glaube, dass Liebe und Hass unsere stärksten Emotionen sind. Und deswegen ist es wichtig, das Wort Liebe nicht nur in Bezug zu Menschen zu betrachten.«

»Zum Beispiel unsere Liebe zu den Tieren«, sagte Hannah.

»Oder zur Natur«, sagte Dilara.

»Klingt ja alles ganz schön«, sagte Alex, »aber Gandhi ist ermordet worden. Wo war da die Liebe, die er predigte? Da hat ihn wohl jemand nicht verstanden.«

»Du solltest das im Zusammenhang mit seinem Konzept des gewaltfreien Widerstandes sehen. Das Ende der Kolonialherrschaft in Indien brachte viele Proteste mit sich. Sein Mörder hat das Attentat gestanden. Er war gegen die Friedenspolitik von Gandhi.«

»Hatte er das Attentat allein begangen?«

Frau Mutmann schüttelte den Kopf.

»Nein, der eigentliche Drahtzieher war ein Mann namens

Narayan Apte. Er arbeitete als Lehrer in einer amerikanischen Missionsschule in Ahmadnagar. Er war Mitglied in der nationalistischen Hindu-Vereinigung. Dort lernte er Gandhis späteren Mörder kennen, und dieser wurde zu seinem Werkzeug.« Frau Mutmann ging zum Fenster und sah hinaus. Das war alles schon so lange her, aber wie nur wenige andere hatte dieser friedfertige Inder Geschichte geschrieben. Sie dachte an seinen Ausspruch: »Wenn man Auge um Auge fordert, dann wird die ganze Welt blind sein.«

Ob ihre Schüler verstanden, dass gerade seine Weisheiten und Zitate auch in der heutigen Zeit noch von Bedeutung waren?

Sie hatte seine Bücher verschlungen. Er hatte so gar nichts von dem Kult gehalten, der um seine Person gemacht wurde. Er hatte auch geschrieben, dass der Titel *Mahatma* ihn oft geschmerzt hatte. »*Große Seele*, wie kann ich so einen Titel führen? Auch ich bin ein Suchender nach der Wahrheit. Und ohne Wahrheit kann es keine Erkenntnis geben.«

Den Ehrennamen *Bapu* trug er dagegen gerne. »*Vater*, wie gerne bin ich der Vater, den viele nicht haben.«

Sie drehte sich wieder zu ihren Schülern und dachte an Dilaras Vater, der die Familie verlassen hatte. Wie stolz könnte er auf seine Tochter sein!

»Also, wer kennt noch ein Zitat von Gandhi?«

Sie sah, dass einige Schüler ihr Smartphone oder ihren Laptop angeschaltet hatten. Aber das war in Ordnung. Es würde wohl bald keine Schule mehr in Deutschland geben, in der man diese modernen Hilfsmittel nicht benutzte.

Alex meldete sich. »Mir gefällt dieser gut: Jeder muss seinen Frieden in sich selber finden, und soll der Friede echt sein, darf er nicht von äußeren Umständen beeinflusst werden.«

»Wir sind doch keine Heiligen«, protestierte Hannah.

Sie dachte an Yvonne. Ihre äußeren Umstände waren ausgesprochen schwierig. Wenn man sich selbst die Schuld am Tod seiner Eltern gab, war es nicht einfach, Frieden in sich selbst zu finden.

Frau Mutmann lächelte. »Es gibt nie nur eine Wahrheit«, sagte sie.

»Ist das auch von Gandhi?«

Ihre Lehrerin schüttelte den Kopf.

»Nein, das ist ausnahmsweise von mir.«

Ihre Schüler lachten.

»Lachen ist gesund«, sagte sie noch, während die Schulklingel läutete.

»Und hält Leib und Seele zusammen«, sagte Alex ironisch.

»Wir müssen immer höflich und geduldig mit denen umgehen, die die Dinge anders sehen als wir«, wies ihn Frau Mutmann zurecht.

»Und der ist dann wieder von Gandhi«, sagte Frau Heibel, die schon einige Minuten in der Tür gestanden und zugehört hatte.

»Ich wünsche euch allen noch ein gutes neues Jahr!«

Sie sah zu Hannah.

»Deinetwegen komme ich. Ich möchte gerne mit dir reden.«

»Oh«, sagte Hannah und fügte dann hinzu: »Natürlich, gerne!«

Sie dachte daran, was Alex ihr über die Rektorin der Schule gesagt hatte. Wie sie wohl aussehen würde, wenn sie nicht in ihrer Jugend diese unerlaubten Hormone bekommen hätte. Vielleicht wäre ihr Leben dann ganz anders verlaufen.

Die Rektorin ging in ihr Zimmer, und Hannah folgte ihr mit ihrem Rollstuhl. Sie dachte an das erste Gespräch in diesem Raum. Damals hatte sie noch geglaubt, dass das alles nur eine vorübergehende Sache war. Dass sie bald wieder auf ihre alte Schule würde gehen können.

»Du hast deinen Hund nicht mit zur Schule gebracht?«

Hannah schüttelte den Kopf. »Nein«, sagte sie. »Anders als Dilara brauche ich Bob nicht ständig um mich herum. Meine Mutter bringt mich zur Schule und holt mich auch wieder ab. Es ist ganz toll, Bob zu sehen, wie er sich freut, wenn ich wieder zu Hause bin. Und ich finde, es ist wichtiger, dass Dilaras Hund sich erst einmal an die neue Umgebung gewöhnt. Das ist bestimmt einfacher, wenn kein zweiter Hund da ist.«

Sie hatte Frau Helm, die Elo-Züchterin, angerufen, um mit Ihr darüber zu reden.

»Theoretisch ist Bob dein Begleithund. Aber solange du ihn in der Schule nicht brauchst, kannst du ihn auch bei deiner Mutter lassen. Dilaras Mutter arbeitet. Also muss Dilara ihren Hund mit zur Schule nehmen.«

»Muss sie dafür nicht einen extra Antrag stellen?«

»Ja«, hatte Frau Helm bestätigt. »Ich habe die Rektorin gebeten, mir den Antrag zuzuschicken. Ich kenne mich ganz gut mit dem Papierkram aus. Dilara muss den Antrag dann nur noch unterschreiben. Ein ärztliches Attest habe ich schon bei ihrem Arzt angefordert. Der hat mir bestätigt, dass ihre Erkrankung chronisch und nicht heilbar ist.«

Annette Heibel sagte: »Hannah, du bist weit weg mit deinen Gedanken!«

Hannah zuckte zusammen.

»Ja, ich habe an Dilara gedacht.«

Die Rektorin nickte. »Ein tapferes Mädchen. Ich habe euch im Fernsehen gesehen. Das war eine gute Aktion. Vielen wird es die Augen geöffnet haben.«

Hannah zuckte die Schultern. »Vorübergehend, ja, vielleicht! Aber jeder Gesunde denkt doch, dass ihm das nicht passieren kann.«

»Nun, auf deiner alten Schule sind sie jedenfalls aktiv geworden. Ich habe heute Morgen einen Anruf bekommen. Sie wollen dort für körperlich Behinderte Hilfen einbauen lassen. Dann könntest du wieder in deine frühere Schule gehen.«

»Was denn für Hilfen?«

»Eine Auffahrt für Rollstühle, einen Lift ... Was eben nötig ist, sodass auch Rollstuhlfahrer in die Schule gehen können.«

»Aber ich will gar nicht wieder zurück in meine alte Schule.« Hannah merkte, dass ihr das Blut in den Kopf stieg. Wahrscheinlich dachte ihre Rektorin noch daran, wie sie sich benommen hatte, als sie hier eingeschult worden war.

»Seit meinem ersten Tag hier ist viel passiert«, sagte sie.

Frau Heibel sah sie nachdenklich an.

»Ich bin operiert worden, ich habe keine Schmerzen mehr, aber ich werde nicht wieder laufen können. Hier starrt mich deswegen keiner an. Hier gehöre ich dazu. Und ich will ganz bestimmt nicht wieder weg.«

Als ihre Mutter sie abgeholt hatte und Hannah Bob die nötigen Streicheleinheiten gegeben hatte, erzählte sie ihrer Mutter, dass sie wieder zurück auf ihre alte Schule gehen könnte. Sie war überrascht.

»Woher bekommen sie denn in diesen Zeiten das Geld dafür? Die Zuschüsse für Schulen und Fortbildungsstätten werden doch ständig gekürzt.«

Darüber dachte Hannah nach. Und als sie lange genug nachgedacht hatte, rief sie den Notar Herrn Feit an.

»Guten Tag, Hannah! Ich denke, du rufst mich nicht nur an, weil du mir ein gutes neues Jahr wünschen willst?«

»Da haben Sie recht«, bestätigte Hannah. »Ich möchte gerne wissen, ob meine frühere Schule, das Käthe-Kollwitz-Gymnasium, mit Ihnen Kontakt aufgenommen hat.«

»Du bist ein kluges Mädchen«, sagte ihr Vermögensverwalter.

Hannah lächelte. Bei Herrn Feit wusste sie nie genau, ob er es ernst meinte oder ob er sich ein wenig lustig über sie machte. Sie mochte das. Hannah nahm an, dass es für ihn egal war, ob sie in einem Rollstuhl saß oder nicht. Er behandelte sie, wie er alle Klienten behandelte.

»Rektor Ahrend von dem Gymnasium hat Kontakt mit meiner jetzigen Schule aufgenommen. Sie haben meiner Rektorin erzählt, dass ich wieder zurück auf die Schule kommen könnte. Natürlich müssten erst noch ein paar Hilfen in der Schule eingebaut werden. Und nun dachte ich, ob man Sie gefragt hatte, ob für solche Umbaumaßnahmen Geld aus dem Hilfsfonds zur Verfügung stehen würde.«

»Ich sagte doch schon, du bist ein kluges Mädchen!« Seine Stimme klang jetzt anders, ernster. »Du hast recht«, fügte er dann hinzu. »Ich habe tatsächlich eine unverbindliche Anfrage bekommen. Du hast ein Mitspracherecht, wofür das Geld ausgegeben wird.«

»War es nicht so, dass es für mich ausgegeben werden soll?«

»Ja«, sagte der Notar. »Deswegen sollst du auch wieder in deine alte Schule gehen.«

»Ich soll also eine Art Alibi-Funktion haben?«

»Das klingt sehr krass. Tatsache ist, dass sie nur dann die Hauptbedingung erfüllen können: das Geld muss zu deinem Wohl ausgegeben werden.«

Hannah verzog spöttisch den Mund, aber das konnte ihr Gesprächspartner nicht sehen.

»Mein Wohl liegt für mich in der Schule, auf der ich jetzt bin. Ich möchte auf keine andere Schule. Also geben Sie Rektor Ahrend bitte einen negativen Bescheid.«

Keiner konnte in die Zukunft sehen, auch Hannahs Ärzte nicht, und dann wäre es zumindest keine Geldfrage, ob man ihr helfen konnte oder nicht.

»Ich verstehe dich nicht«, sagte Kyra, die am Nachmittag mit Emilie Hannah besuchte. »Es wäre doch toll, wenn du wieder bei uns auf der Schule sein würdest.«

Hannah zog die Schultern hoch.

»Vielleicht. Aber ehrlich gesagt, ich fühle mich inzwischen auf meiner neuen Schule sehr wohl. Und unter uns: Ich glaube, dass unser Rektor mit dem Geld aus dem Hilfsfonds nur seine Schule renovieren will. Aber er hat doch keine Ahnung, was da alles auf ihn zukommt.«

»Wieso?«, fragte Emilie.

»Eine Rampe für die Auffahrt, ein Fahrstuhl im Gebäude, die Toiletten müssen umgebaut werden, es müsste ein Behandlungszimmer eingerichtet werden, und jemand vom Lehrpersonal müsste eine Zusatzausbildung haben. Es muss jemanden geben, der im Notfall Spritzen geben kann oder Verbände anlegt.«

Emilie sah Hannah skeptisch an. »Hm, aber wir haben doch damals die Aktion erst ins Leben gerufen. Das darfst du nicht vergessen.«

»Das vergesse ich euch bestimmt nicht«, meinte Hannah. »Aber ich vergesse auch nicht, dass unser Rektor, der jetzt auf einmal so behindertenfreundlich tut, mich damals quasi von der Schule geschmissen hat. Und da hatte ich noch die Hoffnung, wieder normal gehen zu können.«

Ihre Freundinnen schwiegen.

»Nun macht bloß nicht so bedrückte Gesichter«, sagte Hannah. »Ich habe doch wirklich Glück gehabt. Klar, ich kann nicht mehr normal gehen, aber ich kann sonst noch viel. Das ist vielleicht das Beste an der ganzen Sache: Ich habe so viele neue Erfahrungen gemacht. Stellt euch doch einmal vor, wie Yvonne sich fühlt.«

»Yvonne?«

Hannah erzählte ihren Freundinnen von Yvonne. »Und wenn du, Kyra, mir nicht die Broschüre über die Elos hingelegt hättest, wer weiß, wie es mir dann jetzt ginge. Ich war ganz schön deprimiert. Bob hat mir so geholfen!«

Alle drei sahen sie zu Bob. Der spitzte seine Ohren und machte »Waff«, als hätte er jedes Wort verstanden.

»Furchtbar, wenn man sich schuldig am Tod seiner Eltern fühlt«, sagte Emilie. »Ich habe eine richtige Gänsehaut.«

»Und es ist auch furchtbar, wie Alex' Vater sich fühlt. Wenn er Alex an dem Tag zum Fußballtraining gefahren hätte, wäre das Unglück nicht geschehen und sein Sohn könnte noch normal laufen.«

Sie schwiegen eine Weile.

Kismet, dachte Hannah. Das war der Begriff im islamischen Kulturraum für Schicksal. Kismet bedeutete aber auch, dass man selbst keinen Einfluss auf sein Leben hatte. Es lag alles in Allahs oder Gottes Hand. Daran glaubte Hannah nicht. Man konnte doch selbst entscheiden, wie man mit Schicksalsschlägen umging! Oder was man aus seinen Talenten machte.

»Irgendwie reden wir ganz anders miteinander«, sagte Kyra nachdenklich. »Früher waren es nur Jungens oder mal Lehrer, die uns stressten. Jetzt geht es ständig um so wirklich schwierige Dinge!«

»Alex hat in solchen Situationen immer einen guten Witz parat«, schwächte Hannah die Worte ihrer Freundin ab. Sie wollte nicht, dass ihre gesunden Freundinnen glaubten, sie würden ständig nur über Probleme reden. Das stimmte ja auch nicht. Hannah wollte manchmal einfach nur alles vergessen und mit Kyra und Emilie so reden wie früher – über Jungs und Mode und all diese Sachen.

»Weißt du noch einen?«

»Einen was?«

»Einen Witz. Du hast doch gerade gesagt, Alex hätte immer einen guten Witz parat!«

Hannah überlegte.

»Wie findet ihr den: Die hübsche Schülerin sagt zum Lehrer: ›Glauben Sie mir, ich würde wirklich alles tun, damit ich nicht sitzen bleibe!‹ Der Lehrer hakt nach: ›Wirklich alles?‹ Die Schülerin beugt sich zu ihm und haucht: ›Wirklich alles!‹ Darauf sagt der Lehrer: ›Würdest du auch lernen?‹«

Kyra und Emilie lachten.

»Ein richtiger Witzbold, dieser Alex!«

Das ist eben seine Art, mit dem Schicksal umzugehen, dachte Hannah. Sie mochte Alex sehr, er hatte ihr oft ehrlich seine Meinung gesagt, er sah cool aus und ...

»Hallo, aufwachen, du träumst ja schon wieder«, sagte Kyra. »Ich sagte, wir müssen gehen!«

Gehen, ja, herrlich, wenn man das einfach so tun konnte.

Vom Fenster aus winkte Hannah ihren beiden Freundinnen zu und beobachtete, wie sie über die Straße gingen. Für einen Augenblick brannten ihre Augen. Wie gerne würde sie mit ihnen gehen können. Manchmal war die Tatsache, dass sie so nie wieder würde laufen können, einfach zu überwältigend.

Bob kam und leckte über ihre Hand.

»Ach, Bob, du kannst wahrscheinlich auch noch Gedanken lesen«, sagte Hannah und wischte sich über die Augen.

Ihre Beine waren so weit gestärkt, dass sie sich am Waschbecken hochziehen konnte, aber schon zum Zähneputzen setzte sie sich wieder in den Rollstuhl. Und das war jetzt schon seit Wochen so und ging nicht voran.

»Ist das alles?«, hatte sie nach der letzten Therapiestunde Betty gefragt. »Ich meine, können wir nicht mehr erreichen?«

»Ich weiß es nicht«, hatte ihre Therapeutin gesagt, »aber ich bin nicht unzufrieden. Ich kann den Status quo halten. Das ist in den meisten Fällen bei einer Generalisierten Dystonie nicht so leicht möglich.«

Hannah hatte ihr Gesicht verzogen.

»Du darfst die Hoffnung nicht verlieren«, meinte Betty. »Du hast sehr viel erreicht. Ich bin furchtbar stolz auf dich!«

Jetzt legte Bob seine Pfoten auf Hannahs Schoß und sah sie fragend an. »Ich weiß, du musst nach draußen!« Sie kraulte ihn und zog sich im Gang ihre Jacke über. Ihr Vater hatte ein paar Garderobenhaken auf Rollstuhlhöhe angebracht.

Draußen ließ sie die Leine locker, dann wusste Bob, dass er erst sein Geschäft machen konnte. Hanna packte es in eine kleine Plastiktüte, die sie dabeihatte.

»Hi, Hannah«, rief jemand von hinten. Alex kam schnell mit seinen Rollstuhl näher.

»Schon wieder mit Exkrementen und anderen schönen Dingen beschäftigt?«

Sie zuckte die Schultern.

»Nur weil ich im Rollstuhl sitze, brauche ich mich ja nicht an der allgemeinen Umweltverschmutzung zu beteiligen.«

Alex nickte. »Fahren wir noch eine Runde?«, fragte er dann.

Als Hannah und Alex wieder zurück waren, begrüße Hannahs Mutter sie.

»Thomas Seifert hat eben angerufen«, sagte sie zu Hannah. »Er meldet sich heute Abend noch einmal an.«

»Du warst in ihn verknallt, oder?«, sagte Alex, als Hannah die Tür zu ihrem Zimmer geschlossen hatte.

»Ich? In Thomas?«

Alex sah sie nur an. Hannah wurde rot.

»Na ja, er hat sich so toll um die Aktion *Helft Hannah!* gekümmert. Und er hat Druck gemacht, dass ich in Berlin behandelt wurde.«

Das klang trotzdem noch nicht sehr überzeugend, aber Alex brauchte ja nichts von ihren Träumen zu wissen. Das war Vergangenheit.

Alex zog die Decke, die um seine Beine lag, ein wenig höher.

Hannah wurde aufmerksam. »Du trägst neue Prothesen?«

Jetzt wurde Alex rot. »Ich arbeite daran. Und es sieht so aus, als wenn ich sie diesmal vertragen würde.«

Hannah beugte sich vor, fasste seine Hand. »Das klingt ja großartig! Kannst du schon damit laufen?«

»Reine Übungssache, sagt mein Arzt.«

Hannah überlegte. »Du könntest doch auch jetzt üben? Oder willst du eines Tages einfach so hereinspaziert kommen und uns alle überraschen?«

Alex grinste. Es wirkte ein wenig unsicher.

»Also, was kannst du schon?«

Alex nahm die Decke langsam zur Seite und faltete sie zusammen. Seine Beine steckten in einer ganz normalen Jeans, und er trug ein Paar Sneaker. Er schloss die Augen, als sammele er sich, dann stützte er sich mit den Händen an den Lehnen seines Rollstuhles ab. Seine Arme waren stark, Hannah konnte sehen, wie sich seine Muskeln spannten.

Und dann stand er auf.

Wie groß er war.

Er machte zwei Schritte auf sie zu, suchte sein Gleichgewicht, fand es, ging noch einen Schritt. Dann reichte er ihr seine Hand.

»Darf ich bitten?«

Es klang, als bitte er sie zum Tanz. Aber er wollte nur zusammen mit ihr stehen.

Hannah zögerte. Sie konnte sich am Waschbecken hochziehen, aber konnte Alex sie halten?

Bobs Augen gingen zwischen Alex und seinem Frauchen hin und her. Er richtete sich auf, spitzte die Ohren, als geschähe hier etwas, was er sich nicht entgehen lassen durfte.

»Komm«, sagte Alex, und seine Stimme klang rau.

Hannah nahm seine Hand und sah ihn an. Seine Augen hielten sie fest, und seine Hände taten das auch.

Hannah stand auf, langsam, ein wenig unsicher. Dann standen sie dicht voreinander. Hannah war einen Kopf kleiner als Alex.

Ich stehe, dachte Hannah, ich stehe tatsächlich zusammen mit Alex. Ich wusste nicht, dass er so groß ist. Ich kenne ihn schon seit Monaten, und ich wusste nicht, wie groß er ist.

»Na also«, sagte er und zog sie an sich. »Geht doch!«

Sie legte ihren Kopf in den Nacken. Und dann küsste er sie.

12. Kapitel

Als Alex gegangen war, dachte Hannah, dass sie diesen Kuss nie vergessen würde. Nicht den Kuss und nicht Alex' erste Schritte. Und nicht ihr Beisammensein ohne viele Worte, ohne Späße, einfach nur so dazusitzen und den Augenblick zu genießen.

Als er wegfuhr, wollte sie ihm vom Fenster aus zuwinken, aber ein Mädchen, das im Schatten des Hauseingangs auf ihn gewartet hatte, kam auf ihn zu. Er schien nicht überrascht zu sein. Sie begrüßten einander, das Mädchen umarmte ihn, und wie selbstverständlich schob sie seinen Rollstuhl.

Hannah holte tief Luft.

Wer war das? Warum hatte er nicht gesagt, dass jemand auf ihn wartete? Mit wem war er so vertraut, dass er sich umarmen ließ?

Sie fuhr langsam zu der Stelle in ihrem Zimmer zurück, an dem er aufgestanden war, erst er, dann sie. Die Stelle, an der sie sich geküsst hatten.

Hatte der Kuss die gleiche Bedeutung für ihn gehabt wie für sie? Hatte er es genauso genossen wie sie? Und warum drehte er sich dann auf der Straße nicht einmal mehr um?

Das Mädchen konnte normal laufen. Wenn Alex lange

genug übte, würde er auch fast normal laufen können. Was sollte er dann noch mit einer Rollstuhlfahrerin wie ihr?

Hannah presste die Hände gegen die Schläfen, sie bekam Kopfschmerzen.

Ihre Mutter klopfte an und kam in ihr Zimmer. »Hast du Schmerzen?«, fragte sie, und Hannah hörte die Angst in ihrer Stimme.

Sie schüttelte den Kopf.

»So sag doch etwas, Hannah!«

»Kann ich nicht einfach ganz normale Kopfschmerzen haben?«, fuhr Hannah auf. »Bin ich denn in euren Augen immer nur die Hannah, die man mit Samthandschuhen anfassen muss?«

Das war ungerecht, und Hannah wusste es, aber sie drehte nur ihren Kopf weg.

»Lass mich ganz einfach allein!«

Ihre Mutter blieb unschlüssig stehen. Vor gut einer Stunde war Alex gefahren, und alles schien in Ordnung zu sein. Vielleicht war es das doch nicht? Aber ihre Tochter hatte ein Recht auf Privatsphäre.

»Meld dich, wenn du etwas brauchst«, sagte sie und schloss vorsichtig die Tür.

Das war für Bob das Zeichen aufzustehen und zu seinem Frauchen zu gehen. Er legte seine Pfote auf ihren Schoß und schaute sie an.

Und dann konnte Hannah weinen.

»Ach, Bob«, schluchzte sie leise in sein weiches Fell. »Wie gerne wäre ich die Freundin, die Alex' Rollstuhl schiebt.

Und bald braucht er wahrscheinlich überhaupt nicht mehr gefahren zu werden. Dann läuft er neben ihr her. Und ich, ich muss in diesem verdammten Rollstuhl sitzen bleiben.«

Bob legte mitfühlend seinen Kopf auf ihren Oberschenkel.

Eine ganze Weile blieben sie so sitzen, bis Hannah keine Tränen mehr hatte.

Ihr Handy klingelte. Alex schickte ihr ein SMS.

»Bin gut nach Hause gekommen.« Es folgten drei Smileys.

Er schreibt nichts von dem Mädchen. Nicht ein Wort. Als sei es selbstverständlich, dass er hier weggeht und das nächste Mädchen schon auf ihn wartet. Warum schreibt er nichts von ihr? Er musste doch damit rechnen, dass sie ihn und das Mädchen zusammen gesehen hatte? Ihre Gedanken drehten sich im Kreis, wie ein Strudel, der sie nach unten zog.

Als Thomas sie abends anrief, konnte sie ihm normal antworten. Jedenfalls dachte sie das. Aber als sie nicht mehr wusste, was sie sagen sollte, fragte er sie direkt: »Was ist los, Hannah? Bist du doch noch sauer auf mich?«

»Nein«, sagte sie ehrlich. Thomas, das war für sie ein verzweifelter Traum gewesen. Das gehörte zu der Zeit, als sie noch glaubte, wieder gehen zu können.

»Was ist dann los?«, wollte Thomas wissen. »Weißt du, als erfahrener Journalist höre ich alle Zwischentöne. Und besonders das, was nicht gesagt wird.«

»Rufst du mich als Journalist oder als Freund an?«, fuhr Hannah ihn unerwartet an.

»Oh, oh«, antwortete er. »Entweder bist du mir doch noch

böse, oder du sagst mir jetzt sofort, welche Laus dir über deinen Hirnschrittmacher gelaufen ist!«

Hannah musste gegen ihren Willen lachen. Thomas behandelte sie wie ein ganz normales Mädchen, und das tat ihr gut.

Sie holte tief Luft. Sie erzählte ihm, dass Alex gegangen war und dass ein Mädchen auf ihn gewartet hatte.

»Und er schien überhaupt nicht überrascht. Sie haben sich umarmt, und sie schob seinen Rollstuhl. Und das gerade jetzt, wo er vielleicht wieder ganz normal laufen wird.«

»Seine Prothesenunverträglichkeit ist überwunden?«

»Er kann sie jetzt auf jeden Fall tragen. Aber natürlich muss er noch lernen, sein Gleichgewicht zu halten. Und natürlich weiß er nicht, ob nicht doch noch Komplikationen auftreten!«

»Ich verstehe«, sagte Thomas und fuhr dann fort: »Also, er wurde vor eurem Haus von einem Mädchen abgeholt.«

»Ja«, sagte Hannah. »Sagte ich doch!«

»Und du weißt nicht, wer das ist?«

»Genau«, stimmte Hannah ihm zu. »Das hätte er mir doch sagen können. Ich meine, wenn nichts dabei ist, hätte er mir doch sagen können, dass er noch eine Verabredung hat.«

»Vielleicht hat er es einfach vergessen«, sagte Thomas.

»So was vergisst man doch nicht!«

»Dann bleibt dir nichts anderes übrig, als ihn zu fragen.«

Das erübrigte sich am nächsten Tag. Das Mädchen, das Alex vor ihrem Haus erwartet hatte, kam mit ihm zur Schule.

Es verschlug Hannah die Sprache. Das kann doch nicht wahr sein, dachte sie. Und sie sah auch noch gut aus. Zu gut, dachte Hannah, blond, blauäugig und lange, gesunde Beine.

Als Alex mit ihr auf sie zukam, drehte sie ihren Rollstuhl abrupt um und fuhr zu Dilara und Philipp.

»Und, wie geht es euch zwei?«, fragte sie übertrieben gut gelaunt.

Philipp sah sie fragend an.

»Gut«, sagte Dilara und streichelte Dorothee.

Hannah fühlte Alex' Blick in ihrem Rücken.

»Wen hat Alex denn da mitgebracht?«, fragte Philipp.

Die Schulglocke erlöste Hannah von einer Antwort. Das Mädchen kam mit in die Klasse. Jetzt treibt er es aber zu weit, dachte Hannah und vermied seinen Blick.

Frau Mutmann begrüßte ihre Schüler. »Ihr habt bestimmt schon gemerkt, dass wir heute einen Gast haben? Charlotte Kurz ist die Cousine von Alex und möchte gerne einen Aufsatz über unsere Schule schreiben. Sie kam auf die Idee, als sie Alex, Hannah und Dilara im Fernsehen gesehen hat.«

Hannah fühlte, wie das Blut in ihren Kopf stieg.

Dies Mädchen war die Cousine von Alex. Nicht mehr? Sie sah auf ihre Hände. Da hatte sie ja wohl einiges missverstanden. Oder doch nicht? Unsicher sah sie zu Alex hinüber und zog ihre Schultern hoch.

Charlotte ging nach vorne. »Also, vorgestellt hat Frau Mutmann mich ja schon. Als ich die TV-Show das erste Mal gesehen habe, habe ich sofort gedacht, dass ich sehr wenig von eurer Schule weiß. Und anderen gesunden Jugendlichen geht es bestimmt auch nicht anders. Deswegen möchte ich gerne einige von euch interviewen. Ich habe dann mit Alex gesprochen, und er meinte, ich könnte ja einfach mal mit in seine Schule kommen.«

Sie schwieg und sah hilflos zu Frau Mutmann. Die nickte ihr aufmunternd zu.

»Also, ich dachte, ich bleib heute beim Unterricht hier, und wer mit mir reden möchte, der kommt in der Pause auf mich zu. Ich bin im Lehrerzimmer.«

In der Pause fuhr Hannah so schnell wie möglich zu ihrem Lieblingsplatz vor der Schule. Sie hatte überhaupt keine Lust auf ein Gespräch mit Charlotte.

»Weißt du zufällig, wer Ralph Waldo Emerson war?«, hörte sie die vertraute Stimme neben sich.

Alex parkte seinen Rollstuhl neben ihrem.

»Nein«, sagte sie und fügte noch hinzu: »Sollte ich?«

»Ein so kluges und belesenes Mädchen«, sagte Alex mit Ironie in der Stimme. »Er war ein bekannter amerikanischer Dichter und Philosoph.«

»Sicher vor meiner Zeit!«

»Allerdings. Er lebte von 1803 bis 1882.«

»Ja, dann!«

»Hat aber trotzdem einiges gesagt, was manch einer sich zu Herzen nehmen sollte.«

Hannah schwieg. Was wollte Alex ihr sagen?

»Ich hatte keine Ahnung, dass sie mich abholen würde«, beantwortete er ihre stumme Frage. »Charlotte hatte gerade überlegt, ob sie nicht einfach bei euch klingeln sollte, da kam ich schon aus der Tür.«

Hannah schwieg weiter. Was sollte sie auch sagen? Er konnte ja nicht wissen, dass schon der Anblick eines gesunden Mädchens, das ihn mit einer Umarmung begrüßte, ihr einen gewaltigen Stich versetzt hatte.

»Was hat das mit diesem amerikanischen Dichter zu tun?«, fragte sie ausweichend.

»Er hat, ähnlich wie Gandhi, viele richtige Sachen gesagt.«

»Ich habe es nicht so mit Weisheiten!«

»Manchmal sind sie aber nur zu wahr!«

»Hatte er jemals unerträgliche Schmerzen? Oder saß er im Rollstuhl?«, fragte Hannah bissig.

Alex nahm ihre Hand. Nach kurzem Zögernd ließ sie sie ihm. Sie war warm, und seine Wärme floss in ihren Arm und erwärmte sie.

Sie schwiegen beide.

»Ich habe etwas von ihm für dich aufgeschrieben.«

Die Schulklingel rief sie zurück in den Unterricht.

Er drückte ihr ein zusammengefaltetes Stück Papier in die Hand.

Hannah las es, während Frau Mutmann weiter über Gandhi sprach.

Mit einem Projektor warf ihre Lehrerin Bilder von seinem Wohnhaus auf die Leinwand, und von dem Platz, an dem er getötet wurde.

»Dort steht heute eine Gedenkstätte und ein kleines Museum, davor sind die letzten Schritte, seine Fußabdrücke, in Kupfer gegossen.«

Hannah hatte das Stückchen Papier langsam glatt gestrichen, dann las sie: *»Das Schönste an einer Freundschaft ist nicht die ausgestreckte Hand, das freundliche Lächeln oder der menschliche Kontakt, sondern das erhebende Gefühl, jemanden zu haben, der an einen glaubt und einem sein Vertrauen schenkt.«*

Hannah starrte auf Alex' Worte, bis sie vor ihren Augen verschwammen.

»Hannah?« Frau Mutmann hatte sie etwas gefragt.

»Ja?«

»Was, meinst du, war das Wichtigste in seinem Leben?«

In Gandhis Leben? Wahrscheinlich Vertrauen, Glauben!

»Ich glaube«, sagte Hannah langsam, »dass es total wichtig war, dass die Menschen ihm vertrauten. Er hatte sich das Vertrauen verdient. Die Menschen wussten, dass Gandhi ehrlich war, überzeugt von der Gewaltlosigkeit, ganz einfach ein guter Mensch.«

»Das hat du gut gesagt«, lobte Frau Mutmann sie. »Vertrauen ist ein Geschenk, und er hat es nie missbraucht.«

Hannah sah zu Alex. Ob er verstanden hatte, was sie ihm sagen wollte?

Er grinste sie an.

Sie musste ebenfalls grinsen. Wie viele Muskeln brauchte man noch einmal für ein Lächeln? Nur dreiundvierzig! Das waren wenige, wenn man bedenkt, was sie alles im Körper verursachten.

Adressteil

Mehr Informationen über Hannas Krankheit findest du auf:
www.dystonie.de

Alles über Elo-Hunde erfährst du bei: der Elo Zucht- und Forschungsgemeinschaft, www.ezfg.de

Und hier noch ein paar hilfreiche Adressen für Rollstuhlfahrer(innen) bzw. für Menschen mit Behinderungen:

- Bundesverband Selbsthilfe Körperbehinderter e.V.:
  www.bsk-ev.org
- Bundesverband evangelischer Behindertenhilfe e.V.:
  www.beb-ev.de
- Caritas Behindertenhilfe und Psychiatrie e.V.:
  www.cbp.caritas.de
- Deutscher Behindertensportverband e.V.:
  www.dbs-npc.de

Für Jugendliche mit Behinderungen gibt es bei der *Aktion Mensch* eine Jugendcommunity: www.respect.de.
Unter www.rollstuhlrouting.de findest du einen Routenplaner speziell für Rollstuhlfahrer(innen).